タムソン宣教師夫人
メアリーの日記(1872–1878)

メアリー・タムソン◉著
中島耕二◉編
阿曽安治◉訳

教文館

来日直前のメアリー（1872年頃）
（アメリカ長老教会歴史協会所蔵）

刊行によせて

個人の伝記というとき、そこにどうしてもつきまとうイメージがあるように思います。その人がどんなに立派な人だったか、どんな功績を残したのか等々。もちろんそれは励みになることではありますが、読み手の心が弱っているときには、手に取ろうとすら思えないかもしれません。

本書はタムソン宣教師夫人メアリーの『日記』です。ひとりの人の内面がありのままに綴られています。喜び、感謝とともに戸惑いや不安。これらすべてを貫いているのは、《祈り》による主なる神への全き信頼です。日記の本文を読みながら私も自然に祈りへと導かれていた、そんなときが何度もありました。今、すべての教会に求められているのは、この祈りでありましょう。

筆者が現在仕えている新栄教会の代務者を務めてくださった、キスト岡﨑さゆ里宣教師から、こんなお話を伺ったことがあります。アメリカ改革教会の総会期間中、別室でずっと祈り続けている人たちがいる、と。「一同が一つになって集まって」祈っているときに、約束の聖霊が降り、初代教会は生み出されました。日本における宣教も同様なのです。メアリーの夫のタムソンやフルベッキ、J・H・バラといった宣教師たちの働きによって生み出された教会は、メアリーの、隠れたところでの、また夫や他者と共なる祈りによって、人の思いを遥かに超えて働かれる神にあって支えられていたのです。

いま世界が、日本が、ほんとうの《祈りのこころ》を必要としています。教会、教派を超えて、さらには宗教、思想をも超えて、メアリーが証ししてくれた祈りのこころと行動を共有することへと導かれますように。

二〇二四年三月

日本基督教団新栄教会牧師　一之木幸男

タムソン宣教師夫人メアリーの日記
（一八七二〜一八七八）

目次

装丁　熊谷博人

凡例

一、日記本文中にある（　）はスー・アルトハウス女史による補足、〔　〕は編者による補足である。

一、日記原文ではミスおよびミセス等が使用されているが、当時の慣習としてそのまま訳し、ミセスについては、「夫人」とした箇所もある。

一、現代では社会的に相応しくない表現も含まれるが、当時の言葉としてそのまま訳した。

一、日記の舞台はほぼアメリカと日本に限定されているので、場所の表示に国名は省略した。

一、欧米人のカタカナ表記は、『日本キリスト教歴史大事典』（教文館、一九八八年）を参照したが、同書に掲載のない人物は編者および訳者が独自に行った。

一、主要な欧米人については調査できた範囲で原文綴りおよび生没年を注に記載した。

一、注ではメアリーの周辺にいた人たちを知るため、人物を中心にできるだけ多く紹介するよう努めた。

一、現在の新栄教会は、その教会名を創立時は東京基督公会または東京公会と称し、その後新栄橋教会、そして新栄教会と変えているので、本文中に若干名称の混同が見られるが同じ教会である。

一、江戸の名称は慶応四年七月一七日（一八六八年九月三日）に東京と改められたが、内外人ともにしばらく江戸と呼ぶことが多かった。

一、アメリカ・オランダ改革教会（Dutch Reformed Church in America）は、一八六七年にアメリカ改革教会（Reformed Church in America）と改称したが、日本には合衆国ドイツ改革教会（German Reformed Church in the United States）も伝道していたので、両者の混同を避ける意味で「オランダ」をその後も付した。

メアリーの出身地

①生地：アイルランド・ドニゴール郡レターケニー（最北部大西洋側）

現在のイギリス・アイルランド

アイルランド拡大図

②生育地：アメリカ合衆国オハイオ州アッシュランド郡サバンナ（黒点の位置）

アメリカ

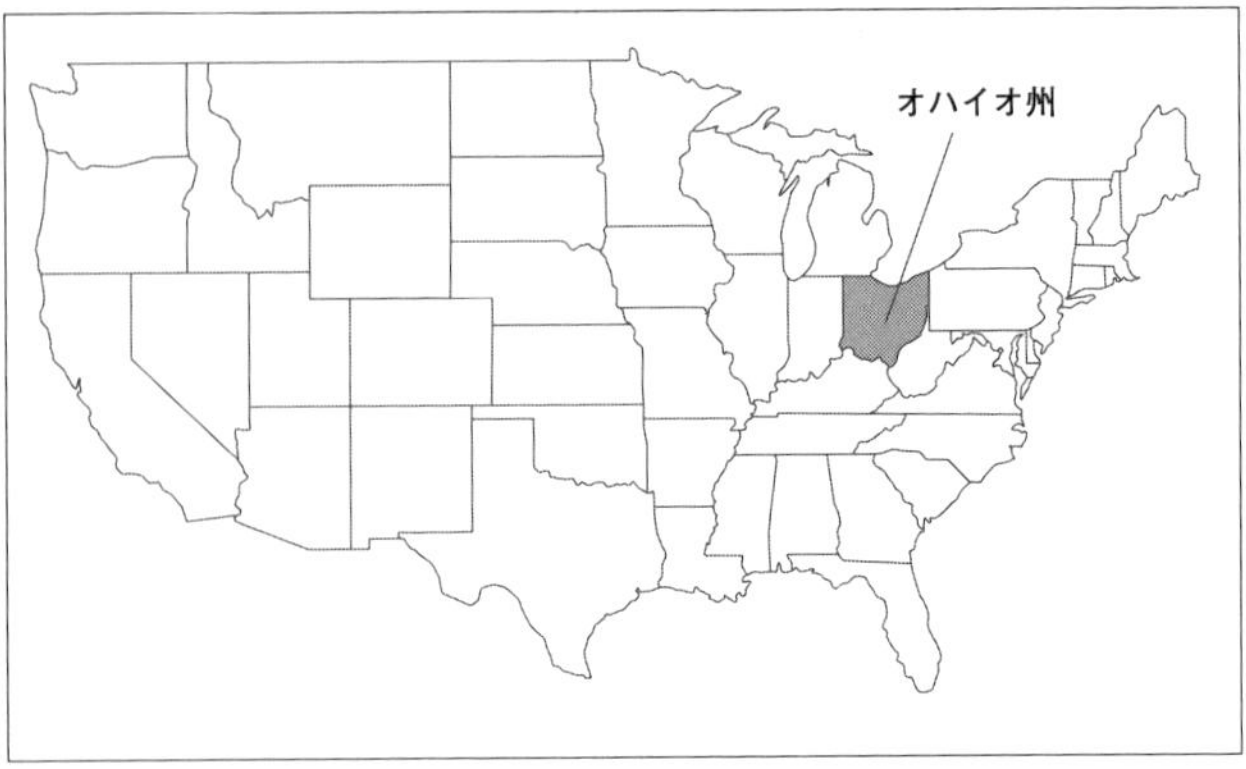

オハイオ州拡大図

はじめに

『メアリーの日記』は、タムソン夫妻の長女ルースを大伯母にもつマーガレット・C・ライバー氏（Margaret C. Reiber）が、二〇一一年にアメリカの長老教会歴史協会（Presbyterian Historical Society＝ＰＨＳ）に寄贈した、ルースから引き継いだ大部の「タムソン家文書」の中に含まれていたもので、タムソン夫人メアリーが日記帳七冊に、二四歳となった一八六五年から、在日五〇年を越えて八三歳を迎えた一九二四年まで書き続けた心の記録である。

ＰＨＳではこの寄贈を受けて、翌年から同協会のボランティアでかつて北陸学院や聖和大学で教師として働いた元長老教会在日宣教師スー・アルトハウス女史（Susan Shirley Althouse）に委嘱し、「タムソン家文書」全体の整理、編集を始めたが、同女史は自身の経験に重ねて『日記』が海外伝道の史料として貴重なものであることを確信し、その中から特に興味深い来日前後の一八七二年から七八年の六年分を抜粋して、手書きの文章を活字に起こし若干の解説と写真をつけて、二〇一三年二月から二〇一八年一月にわたってウェブサイト上に一般公開を行った。同女史は一九二八年の生まれであったので、すでに八〇歳半ばを過ぎてからの尊い奉仕であった。

ちょうどこの時期に新栄教会では創立一四〇周年記念事業として、教会の実質的創立者で初代仮牧師を務めたタムソン宣教師の書簡の翻訳出版を計画し、編集委員会を立ち上げ作業を開始したところで、数か月間隔でネット上に公開されるタムソン夫人のこの『日記』にも大いに関心を寄せていた。こうした中で、編集委員会代表委員の阿曽安治長老（当時）が『日記』の一般公開箇所の和訳に取り組みこれを完訳し、私家版として編集委員ほか教会関係者に配布を行った。

その後、編集委員会はかなりの時間と労力を費やし、二〇二二年三月に教文館から念願の『タムソン書簡集』を刊行し、創立一四〇周年記念事業の責務を果たしたが、先の『日記』も当教会創立前後の知られていない興味深い史実が綴られていることから、編集委員の中から書籍化を期待する声が上がり、二〇二三年三月の長老会で検討された結果、メンバー全員の賛成により本年の教会創立一五〇周年記念事業の一環として出版することが決議された。そこで版元である長老教会歴史協会に和訳出版の許可を申請したところ、折り返し快諾の返事が届いた。

先の『タムソン書簡集』がタムソン宣教師による本国の長老教会海外伝道局に宛てた公式な報告書である一方、『メアリーの日記』は公開を意図したものではなく、独身女性宣教師、宣教師夫人、そして一人の女性として、信仰、喜び、悩み、恐れさらに悲しみや怒り、思いなど心のうちをそのまま綴った私的記録であることから、この二つの文書を合わせ読むことによって、当教会創立前後の日本社会、キリスト教界および教会を取り巻く諸々の状況を複眼的に観察することができ、同時にタムソン夫妻の神への奉仕の証を知ることができる。したがって、この新たな試みは、新栄教会の創立一五〇周年を振り返り、次の一五〇年に向かう記念の年に相応しい事業というだけではなく、日本のプロテスタント伝道史にとっても貴重な史料になるものと考える。

加えて、アメリカから来日した女性宣教師に関しては、小檜山ルイ『アメリカ婦人宣教師——来日の背景とその影響』（東京大学出版会、一九九二年）において、精細な分析と優れた考察が行われているが、この『メアリーの日記』は何よりも最初期に来日した女性宣教師本人が書き残した記録であり、先行研究を補塡する第一級の実証史料と言うことができよう。

この『日記』の書き手であるメアリー・カルホーン・パーク・タムソン（Mary Calhoun Parke Thompson, 1841-1927）は、一八四一年四月一七日、アイルランドのドニゴール郡レターケニー（Letterkenny, Donegal County, Ireland）で、父ジェームス・パーク（James Parke, 1807-1887）、母マーサ・カルホーン・パーク（Martha Calhoun Parke, 1807-1849）の二女として生まれた。姉に三歳年長のレベッカ（Rebecca Parke, 1838-1912）がいた。

パーク一家は、一八四〇年代初めにアイルランドからアメリカ合衆国オハイオ州アッシュランド郡サバンナ（Savannah, Ashland County, Ohio, USA）に移住してきた。サバンナを含むアッシュランド郡は一九世紀初頭に政府によって開墾され、北アイルランドからの入植者であるスコッチ・アイリッシュ、別名アルスター・スコット（Ulster-Scots）が多く住み、彼らの信仰を支える長老教会を中心とするコミュニティーを形成していた。現在のサバンナは人口三〇〇人ほどの小村になっているが、当時は一五〇〇人前後を数え、農業のほか若干の商工業の発展も見られた。メアリーの父親の職業は農業と思われるが、正確なところは不明である。温厚で思慮深い人物であった。アメリカに移住後メアリーに弟のウィリアム（William Parke）が生まれた。彼は成人して外科医になった。メアリーが八歳になった一八四九年に母のマーサが幼い子どもたちを残して四一歳で召天した。父は子どもの養育を考え、ほどなくエリザベス・トレンス（Elizabeth A. Torrens, ?–1897）と再婚したが、この実母の死と父の再婚はメアリーにとって試練の始まりとなった。

メアリーは一八五六年頃、一五歳前後でサバンナ長老教会の牧師であるアレキサンダー・スコット（Alexander Scott）が新しく創立したサバンナ・アカデミー（Savannah Male and Female Academy）に入学した。生徒はクリスチャンであることが入学条件とされたが、長老教会信徒に限らず教派は自由であった。女子部にはマウントホリヨーク・セミナリー出身のフォスター（Mary M. Foster）とライス（Laura A. Rice）の二人の教師が当たり、マウントホリヨーク・システムを範としたキリスト教と教養教育（リベラル・アーツ）の両立をモットーとして熱心に指導が行われた。

やがてメアリーは成長するに従い継母との諍いに人一倍時間を費やすようになり、そのためサバンナ・アカデミーを卒業すると、家を出て全寮制のオハイオ州ゼニアにある長老教会系のゼニア女学校（Xenia Female Seminary）に進学した。一八六六年に同校を卒業したが、このときすでに二四歳になっていたのでやや晩学であった。女学校を出ると州内の学校教師となり、数年間勤めたのち三〇歳前後になって教師を辞めてサバンナの実家に戻った。

本書に収録した『タムソン宣教師夫人メアリーの日記』はここから始まる。

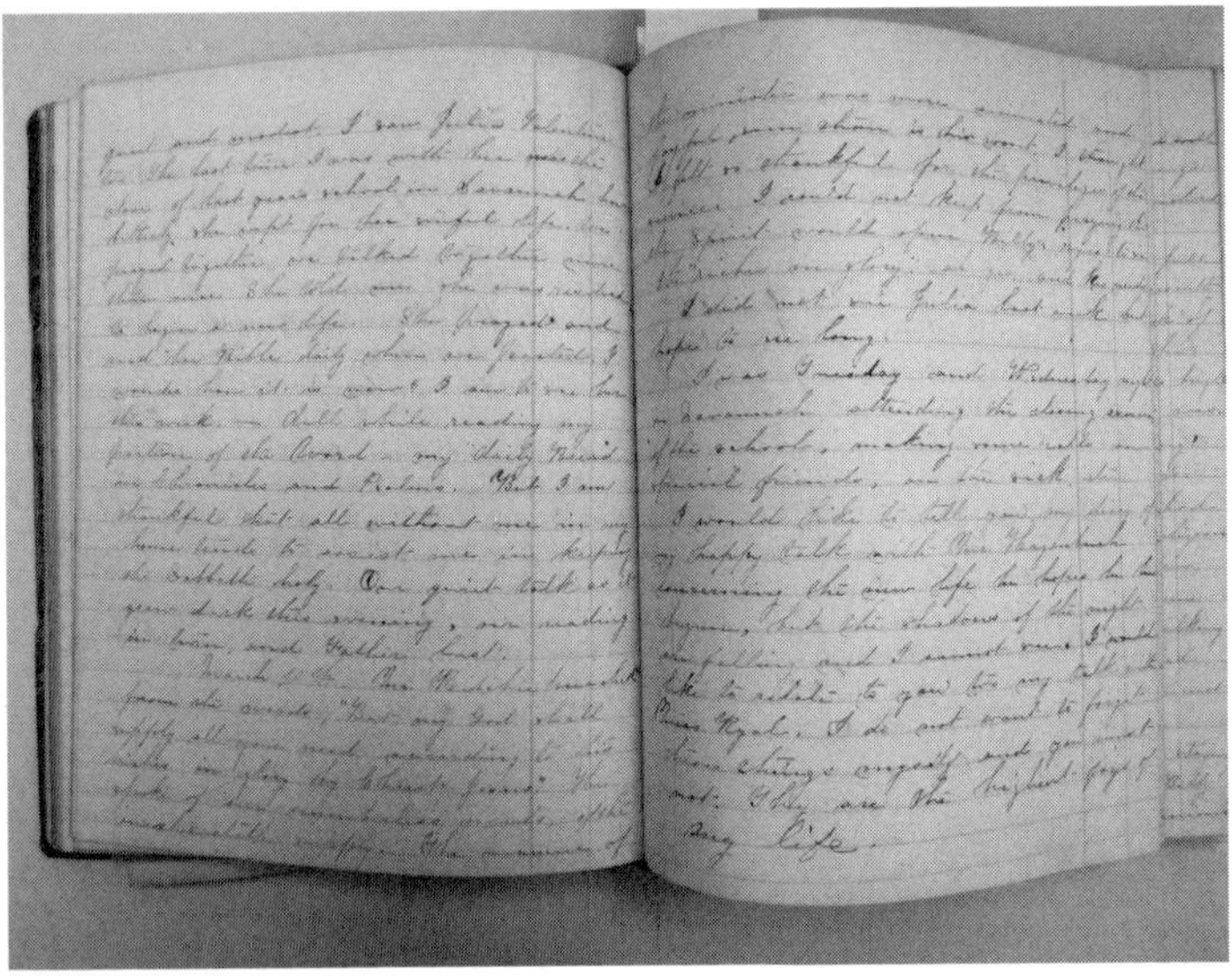

『メアリーの日記』
（アメリカ長老教会歴史協会所蔵）

一　宣教師志願

一八七二年

三月一七日（安息日）（オハイオ州サバンナ）

しばらくの間、さまざまな状況からもしかしたら自分は宣教師になるのがいいのではと考えるようになった。この思いは午後、読書しているときにとても強くなった。自分の部屋に戻り、確固とした自信をもって出発できるよう、自分が進むべき道をはっきりお示しくださいと跪いて祈った。神が共に行ってくださる。私は自分自身を神に捧げ、見返りなしに私のすべてを喜んで捧げますと神に言った。答えを探し求めることにしよう。

四月九日朝（火）（オハイオ州サバンナ）

夜不安な夢を見た。雨が降りしきっていた。今は太陽がまぶしい。神は善なるお方だ。私の心は少し晴れやかになった。外は小鳥の歌が賑やかだ。小鳥たちは私に語りかける、「私たちは遣わされて来ました。出発しなさい」。そして思いを巡らしているうちに、それは行きなさいと呼びかける神のみ声であるように思った。ボイド教授[1]に伝えよう。教授のご期待に応えて学校で教えるのは困難だ。

四月九日夜（火）（オハイオ州サバンナ）

夕方。〔ボイド〕教授に自分の気持ちを伝えた。彼はとても優しい調子で語りかけ、〔長老教会海外伝道局に宣教師申請の〕アポイントメントをとる手伝いをしてあげようかとおっしゃってくださった。しかし、そのときまで当校のサバンナ・アカデミーで教えてくれないかねと言われた。私は進路の妨げになるものは何もしたくないと伝えた。私の進もうとする道は不確かだ。誰であれ、こう伝えると自分の気持ちが確信的になるように思われた、これまでは単なる無言の意志、願望にすぎなかったものが。自分の弱さ、神の力、喜び、勝利、悲しみ、悲哀の思いで胸がいっぱいになる。ただ涙が流れてどうにもならない。

四月一〇日（水）（オハイオ州サバンナ）

レナ[2]に手紙を書いてニューヨークにある宣教師の学校に関する雑誌の記事があれば送ってくれるよう頼んだ。何かそのような訓練を受けたいと思う。何度も部屋に退き、短い祈りをした。力が与えられるように、信仰のために。ああ、もし信仰が萎えてしまったらどうしよう！　私の友だち、私の慰め、この楽しい国土、すべてが私にとって愛しい。はっきりしたことがわかったら父には早く知らせなくては。

五月八日（水）（オハイオ州サバンナ）

今日ジェファーズ教授(3)に手紙を書き、自分が長老教会派遣の宣教師になりたいと伝えて助言と援助をお願いした。書き終えたあと父にその手紙を渡した。父は何度も目を通し、度々ため息をつき、手紙を私に返して、一言も言わず外に出て行った。それ以来、父はとても優しくなった。そして私は感情の中に寂しさが入り交じっているのを覚える。こんな気持ちになるだろうとは思いもよらなかった。私の唯一の目的は、神にとっても、また父にとっても真実で愛情深い神の子になることだが、私は父を怒らせてしまうのではないかと心配していた。そのときが終わって私はほっとしている――父に伝えたいと思った激しい感情の吐露が済んで感謝。今は心穏やかな気持ちだ。父がとても優しいのがありがたい。仮に父が厳格でお許しがなかったなら耐えられなかっただろう。神が善なるお方であることを私にお示しくださり感謝。そしてこのことはただ神の御栄光のためにだけ行いたいと願う私の思いに、神が賛成してくださっているようにも見える。

六月一〇日（月）（オハイオ州サバンナ）

毎日、四六時中考えていたが、海外伝道局書記にまだ手紙を書いていない。十分に心の内を書くことができるようもっと時間が欲しいと思った。これ以上引き延ばしはできない。手はずを整えて出発したいと切望する。今は犠牲と快適な生活ができなくなることよりむしろ、伝道局が私を宣教師として受け入れてくれるかどうかが問題だ。私は宣教師に相応しいだろうか。神は私のような者を良しとされるだろうか。

六月二二日（土）（オハイオ州サバンナ）
今週書記のエリンウッド[4]氏に手紙を書いた。

七月六日（土）（オハイオ州サバンナ）
書記のエリンウッド氏から手紙が届いた。優しい口調だ。彼らはとても好印象を受けたと書いてある。そしてもし私が希望すれば日本に向けて派遣されることに少しの疑いも持っていないともあった。彼の言葉にどんなに励まされたことか！　何度もなんども神に感謝を捧げた。

注
（1）**ボイド教授**（Samuel T. Boyd）　サバンナ・アカデミーの校長でもあった。
（2）**レナ**（Lena）　義妹。
（3）**ジェファーズ教授**（W. H. Jeffers）　所属先は確認できていないが、メアリーの母校ゼニア女学校の恩師と思われる。

（4）**エリンウッド（Frank Field Ellinwood, 1826-1908）**　ニューヨーク州クリントンに生まれ、ハミルトン大学、プリンストン神学校を卒業し、ニューヨーク州内の長老教会で牧師を務めた後、長老教会本部の教会教育委員会の事務局員となった。一八七一年から海外伝道局の書記に選ばれ、一九〇七年までの長期間、中国、朝鮮、フィリピンおよび日本各宣教地の通信責任者を務めた。その間、海外伝道局機関誌の編集、女性伝道組織およびＹＭＣＡの管理責任も担った。一八七四年一二月にアジア各地区の伝道状況視察の一環として夫妻で来日した。

【編者解説】

実家に戻ったメアリーは、なおも継母との確執が収まらずさらに激しさを増し、毎夜神に祈りを捧げ心の平安を取り戻す努力を重ねることになった。こうしたメアリーを見て心配した母校サバンナ・アカデミーのボイド校長から同校の教師の誘いを受けたが、メアリーは悩んだ末に宣教師となって海外伝道に生涯を捧げることを決意した。一八七二年六月、長老教会海外伝道局書記エリンウッドに宣教師の志願書を送り、伝道局の審査の結果七月一日に宣教師候補に選ばれ日本派遣が内定した。

メアリーは七月六日、伝道局から通知を受け取ると宣教師として日本に向けて出発の準備を開始し、身の回りの整理を進め、年が明けてニューヨーク市で二か月半にわたる宣教師の準備教育を受けた。(1) 社会奉仕機関での実習を体験した後、支援者である長老教会ニューヨーク婦人伝道局会長のミセス・グラハム（Julia M. Graham）に面会し日本行きの挨拶を行い、その後いったんサバンナの実家に戻って家族や周囲の人々に別れを告げ、一八七三年三月一四日にニューヨークから大陸横断鉄道に乗ってサンフランシスコに向かった。

同地で日本行きの船の出航が迫った三月三〇日、サンフランシスコ長老会（日本の中会に当たる）の主催でメアリーの壮行会がメトロポリタン・ホテルで開催された。ここで彼女は、サンフランシスコ第一長老教会牧師のドッジ師とその妻のサラと対面した。ドッジ夫妻(2)はメアリーがこれから日本で協働することになる、在日宣教師クリストファー・カロザースの妻ジュリア・ドッジ・カロザースの両親であった。そしてメアリーは四月一日、サンフランシスコの港をあとにして、アメリカ長老教会初代日本派遣女性宣教師となって、太平洋郵船「アラスカ号」四〇一一トンの船上の人となり、三二歳の誕生日を太平洋上で迎え、同月二七日無事に横浜の地に降り立った。

注

（1）メアリーはアメリカ長老教会が初めて日本に派遣する独身女性宣教師であったことから、海外伝道局として十分な準備教育（オリエンテーション）を施したものと思われる。その後同教会から多くの独身女性宣教師が来日するが、メアリーのような数か月単位の準備教育は実施されていない。

（2）**ドッジ夫妻**　リチャード・V・ドッジ（Richard Varick Dodge, 1821-1885）と妻のサラ（Sarah H. Ridgeley Dodge, 1823-1901）。リチャードはイェール大学を出たあと弁護士を目指してイリノイ州スプリングフィールドの法律事務所に就職したが、そのとき同地で州議会下院議員兼弁護士のリンカーン（Abraham Lincoln, 1809-1865）と知り合い終生の友となった。リチャードの妻となった地元リッジレー銀行頭取の娘サラ・リッジレーを紹介したのもリンカーンであった。リチャードはその後プリンストン神学校で学び長老教会牧師となったが、南北戦争中、大統領のリンカーンから北軍のチャプレンに任命された。リンカーンが凶弾に倒れスプリングフィールドで葬儀が行われると、リチャードは長男を連れて遠路ペンシルベニア州から参列し友を見送った。

二　横浜到着

一八七三年（明治六年）

四月一三日（安息日）（アラスカ号船上）

長い間日記を書くことを怠ってしまった。退屈でうんざりする日々が続き、船酔いと落胆の日々、日記を書く気になれなかった。今日はとても爽快な気分。これだけ言えるようになったのはこのところ初めて。今は喜びと感謝でいっぱいだ。

四月二四日（木）（アラスカ号船上）

午後、船長が私の船室のドアにやって来て長いこと雑談した。夕方にも船長が旅客ラウンジに入ってきて私たちは一一時までおしゃべりを楽しんだ。私は彼のことが気に入った。彼はどんな人にもある男らしさを、それが二等国人(1)、中国人であっても、否定してはいけないと信じている。船長がそのような精神の持ち主とはうれしくなる。

四月二五日（金）（アラスカ号船上）

私は一等機関士と船の最上階に登って外輪を見下ろした。海が穏やかなら五四回転で一マイル進む。女性厨房長と厨房手、他に何人かの人たちと三等船室、調理場、食料庫等々いたる所を見学した。中国人労働者の部屋は整頓されていて風通しはいいが、狭い三等船室に詰め込まれていた。

四月二八日（月）（横浜）

（船が日付変更線を通ったので）日付をまた日本時間に戻さないといけない。広くてなめらかな江戸湾までの船旅は快適だった。船が投錨して間もなく、ルーミス氏(2)が船に乗り込んできた。私たちは、二人の日本人が漕ぐ小舟でギューリック夫妻(3)と一緒に岸についた。税関で役人が私の大きなカバンを検査したが、カバンの蓋をあけ、中をのぞき込んだだけだった。それから荷物は四人のクーリーが前後で押したり引いたりする二輪車〔大八車〕に積まれ、クーリーは奇妙なかけ声を発してリズムをとった。ルーミス氏の快適な家庭に招かれ、温かい歓迎を受けた。夕方、ルーミス氏、ブリス博士（S. F. Bliss）と私はプライン夫人宅(4)で開かれた祈禱会に出席。着いたとき、興味深い格好をした日本人グループが英語の讃美歌を歌っていた。歌声を聴いている限り彼らが異教徒だとはわからなかった。目を閉じたら、それは故郷の仲間が歌っていたと思ったこ

とだろう。(5)

四月二九日（火）（横浜）

お昼まで日本語の勉強、そして日本人教師に日本語を学んだ。夕食後二階の自室に戻り長いこと勉強した……。

四月三〇日（水）（横浜）

午後江戸に行き、カロザース夫妻(6)と面会の予定。ルーミス夫妻の純粋で敬虔な信仰にとても感動。このまま横浜に留まり、他の女性宣教師たちが来るまで勉強を続けたいと願う。

五月一日（木）（江戸）

午後人力車に乗って横浜の発着所まで行きカロザース夫人と会い、東京の発着所まで私たちを運んだ同じ車〔人力車〕で彼女の家まで行った。かわいそうに馬のように早足で駆ける男たちの乗り物では私は落ち着かない。それは彼らの品位をおとしめる行為にも見えるが、一方では仕事を与えることで彼らには助けになっている。

五月二日（金）（江戸）

カロザース夫人と私は乗り物で皇居の周りをまわった。また、政府に雇われているマッカーティ博士(7)、フルベッキ夫人(8)など友人の何人かを訪問した。

注

（1）**二等国人**　原文はInferior. 当時の欧米世界では、憲法や公的裁判制度などを備えた法治国家を一等国と位置づけ、日本など法律はあっても欧米の諸制度の基準に達していないと見做した国を一等半国、まだ封建領主などが明文法なく統治する国を二等国や下流国とランク付けしていたので、メアリーは他意なく当時の概念のまま表現したと思われる。

（2）**ルーミス夫妻**　ヘンリー（Henry Looms, 1839–1920）と妻のジェーン（Jane Herring Greene Looms, 1845–1920）。ルーミスはハミルトン大学在学中に南北戦争に北軍義勇兵として参戦し、大尉に昇級したが戦闘で頭部を負傷し大学に戻った。その後オーバン神学校で学びニューヨーク州の長老教会牧師を経て、一八七二年三月にジェーンと結婚し、五月二四日に長老教会六番目の宣教師として来日した。横浜居留地三九番のヘボン邸内に住み、当初横浜基督公会（現・横浜海岸教会）を応援していたが、一八七三年五月一四日以降別に集会をもち、翌一八七四年九月の横浜第一長老公会（現・横浜指路教会）創立とともに初代仮牧師となった。讃美歌の指導や編集にも携わったが、一八七六年九月に南北戦争時の負傷の後遺症が出て夫妻で帰国した。一八八一年七月、アメリカ聖書会社横浜支配人として再来日し、後に朝鮮支部の支配人も兼任した。韓国人最初のプロテスタント信徒となった李樹廷《イスジョン》の朝鮮語訳聖書事業を支援した。蝶の研究家としても知られ、房総で発見した新種は「ルーミス・シジミ」と名づけられている。夫妻ともに日本で亡くなり、横浜外国人墓地に眠っている。夫人のジェーンはアメリカン・ボード初代来日宣教師のD・C・グリーン（Daniel Crosby Greene, 1843–1913）の妹で、夫妻の娘クララ・デニソン・ルーミス（Clara Denison Loomis, 1877–1968）は共立女学校（現・横浜共立学園）の校長を務めた。

彼女による父ヘンリーの伝記がある。*Henry Loomis: Friend of the East*, Fleming H. Revell Company, 1923.

（3）**ギューリック夫妻**　ジョン（John Thomas Gulick, 1832–1923）と妻のエミリー（Emily De La Cour Gulick, 1833–1875）。ギューリックはホノルルで宣教師の家庭に三男として生まれた。ウィリアムス・カレッジ、ユニオン神学校を卒業し、一八六三年に来日したがアメリカン・ボードの宣教師として中国派遣となり、一一年間同地で伝道に従事した。一八七五年一〇月夫人のエミリーと再来日し神戸に着任したが一二月に夫人を亡くし、一八八〇年にフランシス・スティーブンス（Frances A. Stevens）と再婚した。一八九〇年九月に新潟の北越学館教師として赴任したが、翌年大阪に転任となった。カタツムリ研究、ダーウィンの進化論支持、日本における最初期の写真製法の紹介者の一人として知られる。一八九九年にオハイオ州オーバリンに移り、一九〇五年にハワイに戻りホノルルで亡くなった。ギューリック一族は多数の宣教師を輩出したことで著名。

（4）**プライン夫人（Mary Putnam Pruyn, 1820–1885）**　ニューヨーク州オルバニーで生まれ、一八歳で地元銀行家のサムエル・プライン（Samuel Pruyn）と結婚したが、四二歳のときに夫と死別した。その後奉仕活動を始め、オルバニー第二改革教会の婦人会、聖書研究会および職業訓練学校で指導を行った。一八七一年六月二五日にアメリカ婦人一致外国伝道協会（WUMS）の宣教師として、クロスビー（Julia Neilson Crosby, 1833–1918）およびピアソン（Louise Henrietta Pierson, 1832–1899）とともに来日した。このとき五一歳ですでに孫が三人いた。同年八月横浜山手四八番にアメリカン・ミッション・ホーム（現・横浜共立学園）を開校、翌一八七二年秋に山手二一二番の広い土地を得て移転し日本婦女英学校と改称した。総理として学校経営を担っていたが、健康を害し一八七五年九月に本国に帰った。一八八二年にWUMSの懇請により中国の上海に向かい女学校の経営を任されたが、一八八四年に脳出血で倒れ帰国し、翌年二月に故郷で亡くなった。

（5）当時横浜基督公会員を中心に非信者も参加してJ・H・バラおよびルーミスによって、聖書研究会が横浜居留地三九番のヘボン邸、奥野昌綱宅および横浜山手二一二番のアメリカン・ミッション・ホームで開かれていたが、この頃日本人はまだ和服姿であったので、メアリーには興味深い格好に見えたのであろう。しかも出席者が完璧な英語で讃美歌を歌っていたことから余計にそう感じたものと思われる。

（6）**カロザース夫妻** クリストファー（Christopher Carrothers, 1839–1921）と妻のジュリア（Julia Dodge Carrothers, 1845–1914）。カロザースはオハイオ州ムアーフィールドで生まれ、ペンシルベニア州のワシントン大学、旧シカゴ大学、シカゴ長老教会神学校（現・マコーミック神学校）を卒業し、ジュリア・ドッジと結婚と同時に長老教会宣教師となって、一八六九年七月二七日に来日した。築地居留地六番を拠点に活動し、築地大学校創立、東京第一長老教会初代仮牧師、慶應義塾初代お雇い外国人教師、房総伝道等大いに活躍したが、宣教師間の協調性に欠け、一八七六年四月に在日ミッションを辞任し、政府のお雇い教師となった。夫人のジュリアも一八七二年三月から築地居留地六番A棟の自宅で福澤諭吉の二人の息子、一太郎と捨次郎および慶應義塾の助教・上級生らに英語を指導し、同時に自宅で長老教会女学校（通称A六番女学校）を開校した。この女学校は現在の女子学院の源流となった。なお、カロザースの生地はタムソンの実家の隣接地で、カロザース家の母教会はタムソンの祖父ジョン・リー(John Rea) 牧師が創設した教会であった。

（7）**マッカーティ博士（Divie Bethune McCartee, 1820–1900）** 一八四四年に長老教会宣教医師として中国に派遣され、寧波《ニンポー》、芝罘《チーフー》、上海で一八七二年まで医療奉仕およびアメリカ領事館の通訳を務めた。その間の一八五三年に長老教会最初の中国派遣独身女性宣教師ジョアンナ・ナイト（Joanna Matilda Knight, 1826–1920）と結婚し、一八六一年に療養のため夫妻で長崎および横浜に逗留した。一八七二年宣教医師を辞任し、フルベッキの推薦で開成学校のお雇い教師となって来日した。一八七七年に上海のアメリカ総領事館から招聘があり、開成学校を辞して三年間同地で勤め一八八〇年五月にアメリカに帰国した。一八八八年にアメリカ長老教会宣教師として再来日し、明治学院および東京大学で教え一八九九年に老齢のため帰国し、翌年サンフランシスコで亡くなった。多くの漢文聖教書を著し禁教下の日本にも秘かに輸入された。中でも『真理易知』はヘボンにより和訳され広く読まれた。

（8）**フルベッキ夫人**　一八五九年一一月にアメリカ・オランダ改革教会宣教師として来日したフルベッキ（Guido Hermann Fridolin Verbeck, 1830-1898）の妻マリア（Maria Manion Verbeck, 1840-1911）。彼女の出自はほとんど知られていないが、北アイルランドで生まれ、アメリカに移住しフィラデルフィアで育ち、中等教育を終えニューヨーク州オーバン近郊のオワスコレットのS・R・ブラウンが牧師を務める改革教会で奉仕活動を行っていた。ここでオーバン神学校の学生であったフルベッキと出会い後に結婚に至った。フルベッキは来日後長崎で一〇年間伝道に従事し、維新後の一八六九年四月に新政府から開成学校教師に招かれて上京し、当時一家は東京一ッ橋の官舎に住んでいた。クララ・ホイットニーの『勝海舟の嫁　クララの明治日記　上巻』（中公文庫、一九九六年）にこの頃の一家の様子が楽しく描かれている。

【編者解説】

メアリーが横浜に到着したとき、彼女を迎えた宣教師仲間は、同じ教派のアメリカ長老教会在日ミッション在横浜のヘボン夫妻、ルーミス夫妻そしてミラー、在東京のタムソン、カロザース夫妻、それに開成学校お雇い教師のマッカーティ夫妻であった。その他に協力関係にあったアメリカ・オランダ改革教会在日ミッションのS・R・ブラウン夫妻、J・H・バラ夫妻[1]およびミス・キダー[2]が横浜に、フルベッキ夫妻が東京にいた。加えてアメリカ婦人一致外国伝道協会（The Woman's Union Missionary Society of America for Heathen Lands = WUMS）のプライン、クロスビーおよびピアソンの三名の女性宣教師が横浜でアメリカン・ミッション・ホームの運営に当たっていた。

また前年の一八七二年三月一〇日に横浜でJ・H・バラの指導によって、日本で最初の日本人によるプロテスタント教会となる日本基督公会が誕生し、翌年、すなわちこの年の二月二四日には幕政時代から二〇〇年余り掲げられていた切支丹禁制の高札が留守政府によって撤去され、これを受けて新たな教派も加わり宣教師が大挙して来日することになり、キリスト教の伸展の兆しが見えていた。一八五九年に宣教師の来日が始まって以来、高札が撤去されるまでの一四年間に欧米のプロテスタント六教会から合計二八人の宣教師が派遣されてきたが、教勢の拡張はこの年だけで新たに四教会が加わり来日宣教師は二九人を数えたことで証明される。ちなみにこの年アメリカ長老教会は、メアリーのほかミス・ヤングマン、ミス・ガンブルおよびO・M・グリーンの四名を派遣した。

注

（1）**バラ夫妻**　ジェームス（James Hamilton Ballagh, 1832-1929）と妻のマーガレット（Margaret Tate Kinner Ballagh, 1840-1909）。バラは北アイルランドからの移民の二男としてニューヨーク州で生まれた。苦学してラトガース大学、ニューブランズウィック神学校を卒業し、アメリカ・オランダ改革教会宣教師として日本派遣が決まると、一八六一年五月一五日にマーガレットと結婚式を挙げ、六月一日、日本に向けニューヨーク港を出航した。当時は南廻り航路のため五か月半をかけて一一月一一日に横浜に着いた。のちに弟のジョン・クレイグ・バラ（John Craig Ballagh, 1842-1920）が来日し、長老教会宣教師として活躍したので、兄をＪ・Ｈ・バラ、弟をＪ・Ｃ・バラと表記して二人を区別している。

（2）**キダー**（**Mary Eddy Kidder, 1834-1910**）　バーモント州ワーズボロで生まれ、成人後マサチューセッツ州のモンソン・アカデミーで学び、ニューヨーク州スプリングサイドのＳ・Ｒ・ブラウン経営の学校教師となった。その後ブルックリンで教師を務めているときに、アメリカ・オランダ改革教会海外伝道局に宣教師の志願を行い、一八六九年八月二七日にＳ・Ｒ・ブラウンの家族とともに来日した。新潟で短期間女子を教え、横浜に移りヘボン塾の女子生徒を譲り受け女子教育に専念した。横浜ユニオン・チャーチの日曜学校でも奉仕をした。一八七三年にＥ・ローゼイ・ミラーと結婚し、翌一八七四年に横浜山手に土地を得て、夫ミラーの協力のもとフェリス・セミナリーを開校した。一八八一年にフェリスを離れ、三浦徹とともに伝道誌『喜《よろこび》の音《おとずれ》』、『小さき音』の編集刊行を開始し、並行して夫ミラーと高知、上田に伝道し、一八八八年には三浦徹牧師夫妻とともに盛岡に居を構え東北伝道にあたった。一九〇〇年に乳がんを発症し、聖路加病院でスクリバ博士の執刀で手術を受けた後東京に移り、平河町に家を建てて伝道活動を続けた。一九一〇年六月二五日にがんの再発により死去した。享年七六歳であった。横浜外国人墓地に眠る。

三　上京・タムソンとの出会い

一八七三年（明治六年）

五月八日（木）（江戸）

私が（横浜に）戻っていた間にカロザース夫人は私の部屋[1]をいくつかの点で改良してくださった。私はすぐにも勉強を始め、そして天の助け主が共に居てくださるように祈ろう。夕方、カロザース夫人の学校で手伝いをしながら日本語を学んだ。夫人や夫人の以前の日本語教師たちと話をしたり、教室を歩き回りながらの楽しい学びだった。私たちが幸せだった故郷を離れて、日本人のもとに来て教えるのは何のためか、どうしたら異邦人たちに知ってもらうことができるだろうか。タムソン[2]氏から多くの便利な品々をいただいた。

五月一〇日（土）

今日はカロザース夫人の生徒の一人、小林〔マサ[3]〕の家庭を訪問して過ごした。私にとっては

デビッド・タムソン
（1872年頃）（新栄教会所蔵）

楽しみと驚きの連続であった。あのような気取らない親切と礼儀正しさは、故国の人々の間ではほとんどお目にかかれない。そしてこれらの人々が異教徒と呼ばれているとは。これらの人々が真の幸せの泉から水を飲んだことがないことをしばし忘れさせた。彼らと直接話すことができないとはなんと残念なことか。タムソン氏と話をした。彼のクリスチャンスピリットが好きだ。

五月一一日（安息日）

小雨。一一時ユニオン・チャーチ(4)の礼拝に出席。タムソン氏はローマの信徒への手紙第八章三二節「その御子をさえ惜しまず死に渡された方は」などから説教された。彼の謙遜は賞賛されるべきだが、自分にもっと自信をもってほしいと思った。江戸外国人在住者二〇〇人のうち外国人の出席はたったの八人だった。実のところ日本をイエスに捧げるには数の勢力が弱い。けれども、彼らがなんとかやり遂げることができるよう、私たちは祈り、そしてあなたを信じて委ねます。

午後、エガシラ(5)と友人が訪ねてきた。私たちは長時間一緒に聖書を読み、話をして過ごした。もし彼らが明日から一週間後にやって来るならレッスンを始める予定である。タムソン氏が私たちと夕食を共にし、彼が教えるクラスの生徒たちと歌を歌いながら楽しい夕べを過ごした。

注

（1）**私の部屋**　築地居留地六番のアメリカ長老教会宣教師館A棟で、カロザース夫妻が自宅として使用していた。その一室がメアリー用とされた。

（2）**タムソン（David Thompson, 1835–1915）**　一八三五年九月二一日、オハイオ州カディス近郊のアーチャーで裕福な農家の二男として生まれた。タムソン家は代々長老教会の信仰に篤く、また母親は著名な長老教会牧師のジョン・リーの娘という家庭に育った。地元の学校を出た後教師になったが、成人して教職者になる決意をしてフランクリン大学、ウェスタン神学校で学び、按手礼を領してウェストバージニア州の長老教会の牧師となった。ほどなく長老教会海外伝道局に宣教師の志願書を提出し日本派遣が決まり、一八六三年五月一八日、アメリカ長老教会三番目の宣教師として単身で来日した。メアリーと出会った一八七三年当時、築地居留地六番の使用人用住宅で、伝道集会および英語塾やバイブルクラスを開いていた。同年九月二〇日、東京基督公会（現・新栄教会）創立とともに初代仮牧師に就いた。翌一八七四年五月七日、メアリーと結婚し、その後在日伝道五二年に及び、一九一五年一〇月二九日に東京で没した。享年八〇歳であった。聖書翻訳、横浜英学所・大学南校の教師、政府海外視察団の通訳兼コンダクター、切支丹禁制の高札撤去、葬儀の自由の獲得等に活躍し、近代国家日本の形成およびプロテスタント布教に多大な貢献をした。

（3）**小林マサ**　カロザース夫人の女学校の初期の生徒の一人で芝近くの屋敷に住んでいた。メアリーは彼女の家にカロザース夫人と招かれ楽しい一日を過ごした。そのときのことをカロザース夫人は著書『日出る国』（長老教会出版部、一八七九年）、河野真砂子訳（中央大学卒業論文、一八八頁）で次のように描写している。

小林さんと最近とても楽しい一日を過ごしました。小林さんは人力車でやって来ましたが、私たちは芝の方向にある彼女の家に行きました。お母さんと私たちは門の所で対面し、喜んで娘の先生を迎え入れました。そして一日中、家の人たちはこの外国の客人をとても温かく優しくもてなしてくれたのです。私たちに絵や書物を見せ、愛宕山という町の奥まった所にある小高い場所に連れていって景色を見せてくれました。叔母さんという方が、まさに音楽家で琴を弾きながら歌をうたいました。歳のいったお父さんは、とても花好きで美しい庭園を持っていました。そこには植物画家の叔父さんもいて、二人は庭の手入れをしたり、花の絵を描いたりしていました。

（4）**ユニオン・チャーチ**　一八七〇年の築地居留地第一回競貸でフルベッキとT・P・ポートの名義で六番に隣接する一七番Bの土地を落札し、そこに英語を話す外国人用として一八七二年九月三日にカロザースやイギリス公使館員バイ曹長らの働きにより教会堂を献堂した。築地居留地内外に住む英米人が教会メンバーとなっていた。『勝海舟の嫁　クララの明治日記』で知られるクララ・ホイットニーも礼拝に出席し、タムソンやメアリーとも出会っている。教会の正式名はTokyo Union Churchで、現在は渋谷区神宮前の表参道にある。一八七三年九月に東京基督公会が創立したとき、一年半にわたり同教会堂を借りて礼拝を行った。跡地には現在、和菓子の老舗塩瀬総本店が建っている。

（5）**エガシラ**　江頭晋太郎。旧肥前国大村藩士で一八七二年一二月一五日に横浜基督公会でルーミスから洗礼を受け、その後上京しメアリーのもとで学び一八七六年二月に新栄橋教会に転会した。一八七九年頃には信仰が薄れ、礼拝に出席しなくなり除名処分の対象になった。

【編者解説】

メアリーは来日後、ルーミス夫妻の住む横浜居留地三九番のヘボン邸内第二宣教師館に仮寓し、その間にカロザース夫人の案内で東京見物を楽しみ横浜に戻ったところ、海外伝道局からカロザース夫人の女学校を手伝うように指示が届き、これに従い五月初めに上京しカロザース夫妻の住む築地居留地六番館A棟に移った。築地の地で将来の理想的伴侶となるタムソン宣教

築地居留地六番建物（アメリカ長老教会歴史協会所蔵）
右側の建物の前面が海岸。右から在日長老教会ミッション小会堂（カロザース夫人の女学校教場）、六番宣教師館Ａ棟（カロザース夫妻住居、メアリー寓居）、使用人棟（タムソン住居）、聖教書類販売所、六番宣教師館Ｂ棟（のち女性宣教師住居、女子寄宿学校教場）

師と出会い、メアリーのまったく予期していなかった新たな人生が始まった。

メアリーはタムソンのキリスト者としての人格に触れ大いに好意を抱くことになるが、このときタムソンは三八歳、メアリーは三二歳であったのでお互い大人同士の出会いであった。

なお、この頃の日記からメアリーの居住地が築地居留地に定まったためか、場所の記載がなくなっている。

四　日本語教師を求む

一八七三年（明治六年）

五月一二日（月）

今日、偶然だが私の日本語教師が見つかったと言えるかもしれない。神は私の必要に目を留めていてくださる。一見どうにもならないようでも、神はいつも備えることがおできになる方、必要を満たす方法を私の手の中に納めてくださる……。たくさんの日本語文字を学んだ。いつの日かこれらの文字を使いこなすことができるだろうか。

五月一六日（金）

超多忙、この数日間すっかりこのことばかり考えていた。私の教師(1)は一四日、水曜日になって初めて教えに来てくれた。彼はうまくやってくれるだろう、そう思うととてもうれしい。

五月一九日（月）
ミラー氏(2)が横浜からやって来て、今朝、男性だけの宣教師会議(3)があった。〔日本語〕教師が約束の時間にやって来た。そして私は教えた。もっと厳密に言えば、明日に予定したレッスンを行った。マタイから始めることに決めた。

五月二〇日（火）
コツコツと日本語の勉強を始めた！　ティータイム前にタムソン氏と楽しい散歩。タムソン氏はキリストの柔和さ、優しさの多くを身につけておられる。ご自分のことなどまったく顧みない。彼を疑うことなどとてもできない。

五月二二日（木）
私の若い教師に満足している。良い御言葉の種に水をやり、成長するよう彼のために祈る。

五月二三日（金）
カロザース氏は夕方外出、夫人は気分がすぐれなかった。私は独りで夕食をとった。私の気分も少々孤独な感じ。波の音が耳に聞こえてくる。(4)今いるこの場所は小さな入り江になっており、その先には大海原が横たわり、故国で私を愛する人々と私の間の隔てとなっている。でも、これは自分から選んだ人生。愛する主の御そば近くにいて、独りぼっちで孤独だと感じる必要はない。主が御腕で抱きかかえてくださり、わが身を誘惑からかくまってほしい。堕落して虚栄と罪に陥らないよう御恵みでわが身を満たしてほしい！　宣教師として約束される道は厳しいが、私ほど順調で華やかな道を歩む宣教師はほとんどいないのでは。

五月二六日（月）

今日はすべてがうまくいった。今朝、日本語教師(5)にとても満足した。それからレッスン終了前、良いニュースだけを知らせる故郷からの手紙を受け取った。手紙には優しい思いやりと祈りがありとてもうれしかった。午後、日本語教師がとても褒めてくれた。この人たちと早く話せるようになりたい。

五月三一日（土）

午前、日本語教師が来た。楽しいひとときを過ごした。たくさんの単語を目にしたが、頭にはほとんど残っていない。

六月二日（月）

日本語教師の千村《ちむら》〔五郎〕氏は今日来なかった。ある紳士が息子に英語を教えてもらえないかと訪ねて来た。タムソン氏が彼と話をつけてくださる。

六月三日（火）
千村氏がこの二、三日自分の代役として若い男(6)を寄こした。彼は英語ができない。どちらかと言えば、なんとかやりとりができたがおかしかった。

六月五日（木）
若い教師が英語を教えてほしいと執拗に迫った。明日はちょっとだけ調子を合わせてご機嫌をとらなくてはと思う。

六月六日（金）
今日、若い教師は来なかった。一人で学ぶのもまたそれなりに楽しい。カロザース夫人と少し散歩を楽しんだ。その後、タムソン氏と二階のベランダを行ったり来たりして話し合った。

六月七日（土）
主の祈りを日本語から訳そうと試みた。今度はとてもうまくいった。タムソン氏が時々教えてあげようと言ってくれた。ありがとうと言ったが、彼には心から感謝している。

六月九日（月）

今日若い教師とは前よりうまくいった。今日は考えごとで気が散り、心が乱れた。問題から解放されるよう祈った。

六月一〇日（火）

今朝千村氏がやって来て、少し率直な話し合いをした。彼はこれをきわめて日本的にとらえ、まわりくどい言い方で自分の代わりに代役を送り、自分もまた教えに戻ってくるように見せかけて教師を辞めた。もっとうまい辞め方があると彼に教えてあげたらよかったと思う……。この夜、私の思いは海の彼方に。今、私には日本語の教師がいない。われわれの若い教師は解雇された。

注

（1）**私の教師**　日本語と英語の交換教師であったがすぐに来なくなった。

（2）**ミラー（Edward Rothey Miller, 1843–1915）**　ペンシルベニア州フィラデルフィアで、裕福な土木技師の家庭に生まれた。プリンストン大学、プリンストン神学校を出て、長老教会七番目の宣教師として一八七二年六月二一日に来日した。横浜居留地三九番のヘボン邸に落ち着き、日本語の学習を行う一方へボン塾の手伝いと横浜基督公会で牧会の応援を行っていた。一八七三年七月一〇日にアメリカ・オランダ改革教会女性宣教師のメアリー・キダーと結婚し、長老教会ミッションから改革教会ミッションに転籍した。東京一致神学校、フェリス・セミナリー、高知、盛岡、明治学院等で教師、牧会、神学教授として奉仕した。一九一五年アメリカに一時帰国中に海水浴場で心不全のため亡くなった。生前も含め父親から相続した多額の遺産を、遺言とともにそのすべてを日本の教会、フェリス、明治学院、三浦徹牧師の子女、ＹＭＣＡ、ＹＷＣＡ等に寄付した。一八七五年に来日した長老教会宣教師インブリー（William Imbrie, 1845-1928）とは、両親が兄弟姉妹のいわゆるダブルカズン（重従兄弟）の関係にあった。

（3）**男性だけの宣教師会議**　在日長老教会ミッションの正規メンバーは男性宣教師のみで、女性独身宣教師および宣教師夫人は、陪席を認められる場合もあったが議決権は与えられていなかった。当時他のプロテスタント教会もほぼ同じ規定であった。

（4）メアリーの住む築地居留地六番館Ａ棟は当時海に面していたので、夜分には波の音が聞こえた。現在は月島が造られたため海ではなく隅田川となっている。続く「小さな入江」とは東京湾を指している。

（5）**日本語教師**　元幕府蕃書調所（開成所）教授を務めた著名な英学者の千村五郎（一八〇七－一八九一）で、カロザースからの紹介であった。千村は一八七一年に旧大垣藩主戸田氏共《うじたか》とその異母兄、戸田欽堂のアメリカ留学に随行し、翌年帰国しカロザースのもとで神学を学び同年七月に受洗し、一八七四年一〇月一八日の東京第一長老教会創立メンバーとなった。後にプロテスタント・メソジスト（美普）教会の牧師となった。有名な『英和辞書』の編集者の一人で、一八八四年にハイデルベルク信仰問答（『鄙語海徳山問答』）の翻訳出版を行っている。一八七〇年に斗南藩（旧会津藩）が芝増上寺山内徳水院に洋学校を開いたとき、短期間英学教師として藩士子弟の井深梶之助（明治学院総理）、山川健次郎（東京大学総長）、高嶺秀夫（東京高等師範学校校長）、柴四朗（ペンネーム東海散士、衆議院議員）らを教えた。

（6）**若い男（若い教師）**　千村五郎の書生と思われるが姓名は不明。

【編者解説】

新任宣教師の第一の仕事は、伝道のツールであるその土地の言葉に早く精通することであった。メアリーも横浜到着直後から日本語教師について学習を始めたが、切支丹禁制の高札が撤去（一八七三年二月二四日）された後でも官憲の目が光っていて、宣教師に日本語を指導する適当な人物を得ることはなかなか難しく、幸い得られても長続きしなかった。現に五月一六日から六月一〇日の一か月足らずの間に三人の日本語教師が入れ替わっている。メアリーが満足できると思った千村五郎は著名な英学者で、カロザースの紹介によるもので好運であったが、当時すでに六〇歳半ばを過ぎていてメアリーを長く教えることはできなかった。

五　タムソン塾応援

一八七三年（明治六年）

六月一二日（木）

タムソン氏の学校(1)に行き、そして私が担当するクラスを割り当ててもらった。七、八人の生徒。彼らの関心を引きつけることができればいいと願う。日本人少女たち〔カロザース夫人の女学校生徒〕の相手をして楽しい時間だった。(2)生徒たちは西洋のゲームがとても面白かったようだ。少女たちは鮮やかな帯をしめ、綺麗な絹か縮緬《ちりめん》織りを首回りに巻き、しとやかで可愛かった。またその仕草は穏やかで上品だった。

夕食後、タムソン氏と長い散歩とおしゃべり。終日これまでの平穏な気持ちが心に甦り懐かしんでいた。しかし、今回話し合ったことで再び完全な安堵の気持ちになれた。再び神が近くに感じられ、とても心地良い気分、というのもここ数日間私の思いが乱れ、彼のことだけを考える余裕がなかったから。私はタムソン氏にも他のすべての宣教師にとっても真の妹でいたいと願う。

しかし、心情的にもアドバイスを求めるとしても、当地の宣教師の誰よりもたぶんタムソン氏を頼りにしたいと思う。すでに重荷を負っている彼の精神をどんなにささいな重荷をもっても苦しめたくない、むしろ小さな一筋の光となり彼の道を照らしてあげられたらと思う。

六月一三日（金）

今日は試しに私のクラスを教えてみた。生徒たちは聡明で興味を持ってくれたようだ。

六月一四日（土）

午後、フェントン夫人宅[3]にいた。こんなにたくさんの時間を無駄に過ごすのは納得できない。小さな会話の本の学びはできなかった。私には教師がいないので時間の使い方を誤ったのではないかと思う。無名で日本語ができない私がここでできる唯一のことは、神様にお願いして教師を与えてもらうこと、そして待つこと。タムソン氏がきっと探してくださるだろう。

六月一五日（安息日）

夕食後タムソン氏が来られて説教の原稿を読んで聞かせてくれた。主題「カインとアベル、そして彼らのささげ物」[4]。独創性と説得力ある彼の思考の正確さがいつもとても気に入っている。二人の日本人男性が彼に面会に来た。そのため、タムソン氏はいつものように私たちと一緒に歌を歌って夕べを過ごすことができなかった。

六月一六日（月）

日本語教師がいないのは、うんざりして骨が折れる学びだ。朝、私の所に若い日本人男性がやって来て教えてほしいと言った。聖書を勉強したいとのこと。私にはできないが、タムソン氏の所へ行ってみるよう伝えた。しかし、彼は行かなかった。ああ、これら愚かな人たちには悲しくなる。夕方、タムソン氏はすごく疲れていて悲しそうだった。神よ、彼に光と喜びを与えてください。彼は（光と喜びを）受けるに相応しい方です。今日の私の一時間の授業にはとてもがっかりした。言葉を使いこなす力がないと人はなんと弱々しいことか。

六月一七日（火）

静かな一日、ほとんど特筆すべきものなし。おトキさん(5)と日本語を勉強した。

六月二一日（土）

天気は陰惨で雨。夕方、というより午後、勉強に疲れたので横になり、しばらく読書しているうちに寝てしまった。タムソン氏と一時間おしゃべりを楽しんだ。私たちを取り巻く現状を話したが、私にとってはとても満足だった。彼のことを私の相談相手と考えることができることはとてもうれしい。午後、読書して大いに元気をもらった。

六月二二日（安息日）

カロザース夫人はリウマチで足が不自由だ。夫人の学校でお手伝いしているが、他のことでもできることは手伝っている。イネ[6]の母親が私に手紙を持ってきた。彼女の二人の年若い弟たちに教えてほしいという内容だった。

六月二三日（月）

タムソン氏と夕方長時間の散歩。心底からの話をしながらいくつかの点がわかった。この話し合いが私たち二人にとって勇気づけるものとなってほしいと願う。

六月二四日（火）

タムソン氏が来て日本語の勉強を手伝ってくださった。とても親切。ベランダを行ったり来たり。私は弱みが顔に現れてしまったのではと心配。神さま、私たちを導いて強めてくださり、正しいこと、誠実なことのみを行うことができますように。

六月二五日（水）

〔アメリカからの〕定期船の到着が五日遅れている。たぶん安息日までには着かないだろう。今日イネの母親の弟が学校にやって来た。でも、私の生徒にはできない。彼は聡明で興味深い青年だ。タムソン氏のバイブルクラスに来てくれたらいいのだけれど。もう一人の若者も一緒に。

六月二六日（木）

タムソン氏とベランダでの散歩。この日の午後は日本語の勉強に没頭した。しかし、皆が話しているのを聞いてもほとんどわからない。あんなに集中して聞いているというのに！

六月二七日（金）

日本に着いて二か月経った。将来について考えたこと、将来の目的が大きく変わってしまった。これらのことは神のみぞ知るである。私は彼の賢明な助言を信頼する。独りでは一歩も踏み出すことができない。故郷からの手紙が待ち遠しい。今度の船便で届いてくれたらいいと思う。再び雨が降っている。

注

（1）**タムソン氏の学校**　タムソンは独身であったこともあり、本来住まいとして権利のあった築地居留地六番館B棟の広い宣教師館には住まず、敷地内の使用人用の建物に住み、ここで若者たちに英語と聖書のクラスを教えていた。やがて彼らの中から求道者が生まれ、さらに教職者を目指す人材が育ってくることになる。タムソンはメアリーに英語クラスの一部指導を割り当てた。

（2） メアリーは築地居留地六番小会堂のカロザース夫人の女学校を手伝って生徒たちを教えていたので、タムソン塾での授業と合わせ徐々に忙しい日々を送るようになった。

（3） **フェントン夫人（Jane Pilkington Fenton）** 夫のジョン・W・フェントン（John W. Fenton, 1831-1890）は一八六九年に来日し薩摩藩で軍楽を指導後、当時明治政府お雇いとして海軍軍楽隊教師を務めていた。彼はその後宮内省式部寮お雇いとなり、最初の「君が代」を作曲したことで知られる。

（4） 旧約聖書『創世記』第四章に登場するアダムとエバの息子二人、兄のカインと弟のアベルの話。

（5） **おトキさん** カロザース夫人の女学校生徒で、一八七三年三月頃に入学した。女学校は築地居留地六番の小会堂で授業を行い、A棟の三階を寄宿舎とし生徒を宿泊させたが、トキがその入寮第一号となった。この頃の女学校の生徒数は寄宿生一〇名、通学生七名の計一七名であった（ジュリア・カロザース『日出る国』一八八頁）。

（6） **イネ** 鹿島伊根。鮭やタラなど函館産の魚類を手広く扱う海鮮問屋を営む鹿島家の長女で、カロザース夫人の女学校で学んでいた。このときはまだ九歳であったが、彼女はその後も通学を続け、一八七六年四月にカロザース夫人の女学校が廃校となり、原胤昭が生徒を引き継いで開校した成樹学校、のちの原女学校にも在籍し、『七一雑報』誌の一八七七年三月二日号に「人は善悪の友に因る者なり」と題して投稿を行っている。鹿島家は築地に貸家を何軒か所有し、カロザース夫妻はその一軒に一時借家していた関係で同家とは親しく交流していた。

原胤昭《たねあき》（一八五三―一九四二） 江戸南町奉行所与力の佐久間家の三男として日本橋茅場町で生まれ、同格で母親の実家の原家に養子に入った。一四歳で与力の職に就いたが二年後維新となり東京府職員となった。一年ほどで辞職し横浜に行き修文館や高島学校で宣教師から英語を学びキリスト教にも触れ、その後築地居留地でカロザースの築地大学校に入り、一八七四年一〇月一八日受洗し、東京第一長老教会の設立メンバーとなった。一八七六年四月カロザースの在日ミッション離脱により夫人の女学校が廃校となったことから、原と戸田欽堂の努力で女学校を引き継いだ。キリスト教信徒で最初の教誨師となり、出獄人保護のほか慈善、福祉事業の先覚者として活動した。

六　築地居留地六番館での日々

一八七三年（明治六年）

六月二八日（土）

雨、また雨。タムソン氏と長時間の散歩をした。おお！　親愛なる日記よ、あなたにさえも打ち明けることは無理だ。心臓がどんなに感情を抑えようとしても心がどんな重荷を負うとしても無理だ！　すべての光の輝きを通り抜けていかに夜明けがやってくるか誰にもわからない。神の守りの中では安全だ。

六月三〇日（月）

雨。午後、タムソン氏と話した。顔の覆いを外しなさい！　これまでこれらの事柄をあまり冷静に考えたことがないし、今も感情抜きにして考えることができない。それが苦痛であれ、喜びへと通じるものであっても、唯一、主のみが私の進路を導いてくださる。

午後、私はとても幸せで平安な気持ちだった。手紙が届いた。しかし、家族からは何もなかった。たぶんミス・ヤングマン[1]が〔横浜から〕訪ねてくると思う。私たちの関係を考えると少し恐ろしい気がする。私は神の愛を求めて祈る。神様、わが手を御手の中で守ってください。

七月六日（安息日）

土曜日夕刻。わが日記よ、一大関心事であるのに、まだひと言も話してなかったね。木曜日の三日、ミス・ヤングマンが私たちを訪ねてくれた。手紙を携えてきたが、目新しいことはほとんどなかった。今日午前中は手紙を書き、またミス・ヤングマンとおしゃべりした。進行しつつある私たちの進路が二人にとって明確となればいいと願う。私の心は穏やか、平安で幸せいっぱい。私の心はとても感謝の念に満たされている。私は馬鹿騒ぎをして喜びたいが、できそうもない。ミス・ヤングマンが心安らかで普段と変わらないでいるか確かめることができたらいいのに。彼女の良い面だけを考えることにしよう。

ケイト・M. ヤングマン
（アメリカ長老教会歴史協会所蔵）

昼食の後、カロザース夫人と私は、彼女を（人力車）乗り場まで見送った。横浜への帰り道が無事だったことを願う。私たちはそれから人々を家庭訪問した。おイノさん[2]、おヨキさん[3]、ミセス・ダン（Dunn）、それに小林さん。私たちはもちろんお茶をいただき、親切な日本人の所では果物をごちそうになり、おみやげをもらって帰った。家に着いたのは六時過ぎだった。もてなしに出された果物は食べてもよかったのだが、私はおみやげにしたいと思った。日本では、愛する天の父がとても身近に感じられる。

七月八日（火）

タムソン氏と長時間の散歩。天の父よ、愛する天のお父様、なんとも酷いことが明るみになりました。なんと不快なことが明らかになるとは。この次は、さらに私にとっても、いやなことが知らされるのだろうか。全能の方の御翼の下で私を守り、隠れ家としてください。不安と恐怖の気持ちのまま、無の中に沈んでしまうのだろうか。元気をください。永遠に奮い立たせてください[4]。

七月九日（水）

タムソン氏はいつも優しく思慮深い方だ。昨晩私たちが話し合った後、私が意気消沈しているのではと心配していたと思う。彼は私に日本語を教えるため、彼の教師[5]を毎日二時間差し向けたいと思っていた。たぶんこれはまったく問題ないだろう。しかし、私はその考えには賛成できそうもない。夕食の後、日本語の学びの助けとなる本を探しに何軒かの、かなり遠い本屋に行った。

私たちの話題はこの世の事柄、この地上での可能性と御国のことが不思議と入り交じったものとなった。お互いが会うのに都合が空いている時間帯についても話し合った。ベールで隠された未来、曇りか晴れかはわからない。しかし、来世は栄光と輝きに輝いている所、それは近いかもしれないし、とても身近な所かもしれない。

七月一二日（土）

カロザース氏に過去二か月分の食事代を支払った。[6] 彼は月二四ドルを請求した。自分の部屋はできるだけ早く家具の備えつけをしないといけない。夕方。二階のベランダで日本人の少女たちと一緒に歌を歌いながら行進をした。私たちの遊びに子どもたちはとても楽しんでいるようだった。そしてやがて私たちの拍子に合わせるステップとぴったり合うようになった。来週月曜日からタムソン氏が出かける旅先に目を通した。楽しい語り合い、日本の前途は希望で満ちていると話した。高橋〔亨《とおる》〕[7]が洗礼を受けたいと彼に手紙を送っていた。

七月一三日（安息日）

カロザース氏が今朝、おミノ[8]に暇を出した。彼女がかわいそうだが何もできない。私は彼女に少し余分にお金を包んで十戒第二の戒めを書いた小さなかわいいカードを添えた。良い子でいてくださいね、私たちの神を愛するようになってくださいね、と言えたらいいのにと思った。私があげた聖書の言葉はもちろん、この小さなカードが永遠の祝福になるようにと祈った。ここ数日はジメジメした、雨模様の天気。しかし、私にはとても快適で、多くの愛すべきもの、感謝すべきことがある。時が静かに過ぎ去っていく。それでも私は危うい立場に立っている。神よ、私の盾となり助けとなってください。力と知恵を、そして溢れる平安を授けてください。私は感謝の気持ちでお願いしています。私はこれまで以上に身も心も主のものとなりたいと思います。私は心に偶像を作ったりはしません、しかし、ただあなたに仕えることだけに専念したいと思います。父よ、御手をもって私を導いてください、私の歩みたい道ではなく、あなたの道を歩ませてください。

夕刻。タムソン氏にとった行動を思い、申し訳ない気持ちになる。弱々しく、品位に欠けていた。重荷から解放されるため、彼が去った後、ここに戻り、跪いて天の父のお許しを求めた。そしてこれからはもっとうまく立ち振る舞えるよう助けてくださいと祈った。私の心は和らげられ、晴れやかになった。今日は風の強い安息日だった。ヴィーダー博士(9)が説教したが、部分的に原稿が朗読された。この午後タムソン氏と楽しい、相応しい話題について話し合った。風と海岸に押し寄せる波の音がとても奇妙に響いて聞こえてくる。そのような音は時々、すべてのものの結末の前触れとなるような音ではないかと思う。

七月一四日（月）

タムソン氏は今日の午後旅行に出発された。彼のことで、神にとても感謝している。彼は純粋で、真実で、愛に満ちていて、完全で信頼できる方。それで私は彼を全面的に信頼している。とてもこのすべてを自分に説明することは不可能だ。愛する父よ、あの方を繁栄させ、守り、祝福してください。イエス様、われらの慰め主なる御霊よ、あの方の旅先での時が淋しくありませんように。そして、目で見て、耳で聞くものによって励まし、希望を与えて時間を満たしてください。そして聖なる、命を与える思考が精神を和らげ、強くしてくださるように。あの人をこの上もなく優しく御守りください。

七月一六日（水）

ハリス監督[10]と他に何人かのメソジスト教会員の訪問があった。夕方、ミス・マックレーン[11]が訪ねてきた。祈禱会は〔出席者が〕普段より多かったが、タムソン氏の姿が見えない。彼のことを誰もほとんどうわさにしなかった。そのことで、なおさら私は無口になり、しょっちゅう彼のことを考えていた。そして良いことだけが彼の身に起こりますようにと祈った。

七月一七日（木）

最近は晴れているが、とても暑い。タムソン氏は旅先で疲れてないだろうか、それとも今晩は快適に休んでおられるだろうか。

七月一八日（金）

今日の午後はカロザース氏と私の部屋に備えつける家具を探しに出かけた。品数は多くないが、少し買い物をした。私は人の厄介にならないよう日本語を学んで、日本人の間に独りでいてもなんとかやっていけるよう努力しようと決心した。

七月一九日（土）

暑い天気の中、一日中家庭訪問した。そしてとても疲れた。

七月二〇日（安息日）

タムソン氏はもしすべてが予定通りであれば、今日山間部で過ごしておられる。疑いもなく神と親しく交わっておられるだろう。たぶん、この夕方の時間は男性がゆったりした気持ちで友だちと話すように神と語っておられるだろう。天の父よ、あなたの御愛と御力のうちに、彼のそば近くにいてください。今日暗黒の中を歩んでいる人、人々に益となる説教ができた喜びの中にあることを願う。

七月二一日（月）

学校で授業(12)、横浜へ行く準備、手紙書き、エドキンス氏（Edkins）のホテルを探しながら道中怖い思いをした。

七月二二日（火）

八時の列車で横浜に向かった。一緒に行ってくれるマッカーティ博士を見つけたのは幸運だった。彼は私にとってためになる中国ミッションでの活動についてたくさん話してくださった。私は宣教師仲間から何を期待すべきかをよく学んだ。信仰告白の準備クラスならどこでも学ぶ「毒麦のたとえ(13)」のようだ。ルーミス氏のお宅では心地よい歓迎を受けた。午後、ミス・ヤングマンと一緒にいくつかの買い物をした。

七月二三日（水）

ルーミス夫人と話して、ミラー氏と他の皆にスポンジケーキを作った。ミセス・プラインのお宅(14)に伺う約束の時間に遅れてしまい正餐の時間になってしまった。午後、何度もなんども引き留められお暇《いとま》するのが遅くなってしまった。ミス・ヤングマンも一緒だった。結局六時の列車までに戻れなかった。やむを得ず足止め、これではいけないと思った。七時発の列車で帰ったが、このことでひやりとした。しかし後は問題なかった。とても疲れたが横浜でたくさんの用事を済ませたこと、私の部屋に相応しい調度品を作る準備ができたことを思い満足した。

七月二四日（木）

タムソン氏は、私たちが思っていたより一日早く、午後に戻られた。夕方、夕食に招いたエドキンス氏などが帰った後、楽しい話題を静かに語り合い、また成果のあった楽しい旅行で起こった出来事を詳しく話してくださった。再び彼に会えて、静かな、心底からの喜びが湧いた。

七月二五日（金）

私の授業の最終日。男子生徒の何人かが、「残念だなあ」と言った。私が思うに、あの小さな怠け者の子は太陽の暑さの中、登校しなくてもよくなるので内心喜んでいるのだろう。夕食の後、タムソン氏と散歩に出かけ遠出した。帰りがけ夕立に遭い、完全にびしょ濡れになった。家まで人力車に乗ったが、かろうじて守られたのは私たちの足が泥まみれにならなかったことだけ。

七月二六日（土）

暑い夏がこんなにも長く続くとは！　長時間かけて部屋の掃除をし、箱やたんすの据えつけ、カビのはえた所からカビをこすり落とした。午後、自分でかぶる教会用の帽子を作った。夕方、川開きの儀式。私たちは岸辺を行ったり来たり、ベランダを行ったり来たりしながら楽しんだ。キラキラ飾られた舟、遠方に見える小さな打ち上げ花火、見る物すべてがお祭り一色だった。

同日（土）

夕方、一週間を振り返った。興味をそそる事柄でいっぱいだった。

七月二七日（安息日）

日本に来てちょうど三か月経った。そして横浜の地に上陸したのも安息日であった。自分が期待したほど日本語が上達していないのは残念だ。そして全部が自分の責任とも言えない。少なくとも、多くの痛ましいが必要な事実に目覚めるようになったし、そして、愛する父よ、幸せで大切な人々を知るようになりました。あなたは私たちが受ける杯を必要以上に苦いものとはされません。あなたの惜しみない恵みが私に注がれます。いつも御翼の陰で御守りください。この世の騒々しい輝きの中に入り込んでしまい、焼け焦げてしまわないよう御守りください。

七月二八日（月）　江戸カロザース氏宅ノース・ルームにて。(15)

前の日記帳はタムソン氏とともに終わり、この日記帳はタムソン氏とともに始まった。夕方は彼と一緒に過ごした。私たちは愛し合っているが時々度が過ぎていないか反省する。しかし、神が私たち二人を導いてくださり、神がお互いに愛することをお許しになっていると考えざるを得ない。タムソン氏は二つの道があると言う、この上もない幸せか、大きな苦痛がこれからの行く手に待っているか。そして私たちは待とう。どちらの道でも大丈夫だ、なぜなら神はすべてを良きように計らってくださるから。しかし、今さら私たちがどうして離別に耐えられようか。知っておられるのは神のみだ。私は取り越し苦労はしたくない。むしろ常に、高貴で、欠けのない友を賜ったことに、哀れみ深い天の父を賛美しよう。そして神からの贈り物に感謝しつつ玉座へと近づく生活をしよう。

注

（1）**ミス・ヤングマン（Kate M. Youngman, 1841–1910）** ニューヨーク州キングストンで生まれ、マサチューセッツ州で育ち、一三歳のときニューヨーク州オルバニーに移った。翌年母親を亡くし弟妹の世話で一時教育を断念した。早く結婚の予定であったが婚約者が南北戦争で戦死したため、自立を目指し苦学して師範学校を出て教師となった。オルバニーの教会学校の恩師ミセス・プラインの感化で宣教師を志願し、一八七三年六月三〇日に二番目のアメリカ長老教会独身女性宣教師として来日した。翌七月横浜から上京し築地居留地六番館Ｂ棟に入居した。一八七四年一月、メアリー、ガンブルと同棟で女子寄宿学校（通称Ｂ六番女学校）を開校した。当初メアリーが校長であったが、五月にタムソンと結婚し授業時間を減らしたためヤングマンに校長を譲った。一八七六年一〇月に長老教会ニューヨーク婦人伝道局の支援により築地居留地四二番に新校舎を建てて移り、グラハム・セミナリー（日本名、新栄女学校）と改称した。翌年クリスチャン生徒の信仰維持と親睦のため好善社を立ち上げた。さらに日曜学校および児童教育を目指し、築地に啓蒙第一小学校および芝愛宕下に啓蒙第二小学校を設立した。一八八四年にバイブル・ウーマンを養成する女子伝道学校（のち聖書学館）を開き、上野、亀島および鎌倉に講義所を開設した。好善社は一八九四年にハンセン病の療養所「慰廢園」を目黒に開園した。ヤングマンは性格の激しいところと細やかな気遣いの心を併せ持つ女性で、山田耕筰一家の面倒を見たことはよく知られている。メアリーは気を使いながら接したが、性格的に圧迫感を覚えやや敬遠気味であった。

（2）**おイノ**　本名は廣瀬イノ。政府役人の娘でイネ（第五節注（6）参照）と同じ年頃で信仰心の篤い生徒であった。成人後森村組社員法華津孝吉と結婚した。

（3）**おヨキ**　おキヨの誤記と思われる。イネ、イノおよびキヨの三人は一緒に授業を受けていたので、同世代の少女と思われる。

（4）何か心に関わる大きな出来事があったようであるが、何であるかは不明。この出来事かどうかは定かではないが、ヤングマンがタムソンに好意を抱いたことを公言し、メアリーがかなり動揺した事実がある。

（5）**彼の教師**　タムソンの日本語教師兼助手の小川義綏《よしやす》のこと。

小川義綏（**一八三一－一九一二**）　武蔵国多摩郡の農家に生まれ、武家の伯父安保良左衛門の養子となり文武に励んだが喘息を患い小川家に復籍した。一八六三年頃横浜に出て、外国人の日本語教師の職を得、一八六五年にタムソンの日本語教師となった。タムソンを通じてキリスト教に触れ信仰を得て受洗を申し出たが見送られ、その後、教義研究に励み、一八六九年二月タムソンから洗礼を受けた。一八七二年三月一〇日、横浜基督公会の創立に参加し長老に選ばれ、翌年一月タムソンとともに東京へ移り、九月二〇日の東京基督公会（現・新栄教会）創立に際し長老に選ばれた。常にタムソンを助け、一八七七年一〇月三日、日本基督一致教会の創立時には奥野昌綱および戸田忠厚とともに按手礼を受けた。浅草教会（現・池袋西教会）、牛込教会（現・牛込払方町教会）のちに明星教会（現・小石川明星教会）の牧師を務め、かたわら日本全国に巡回伝道を行い多くの教会の設立に貢献した。妻のきんも夫を助け伝道に生涯を捧げた。

（6）**食事代**　宣教師館の住居費はミッションの負担であったが、食事はカロザース家の家計に含まれていたので、三等分の請求を受けた。

（7）**高橋亨のちの安川亨**（一八四二？—一九〇八） 下総国藤原（現・千葉県船橋市）の庄屋安川栄之助の子で周作と称した。元尾張藩士で著名な書道家高橋石齋の門下に学び、二女鈴の婿養子となり高橋六郎と改名し家督を相続した。一八七三年夏にタムソンから受洗し、東京基督公会創立メンバーの一人となった。一八七三年八月に妻の鈴と死別しその妹やすと再婚したが、二人で養家を出て安川姓に戻った。新栄教会では執事を務めた。当時司法省十等出仕の官吏であったが、官を辞し教職者となった。一八七七年一〇月に日本基督一致教会が創立されると翌年按手礼を受け教職者となり、中会、大会で書記を長く務めた。能筆かつ編集能力に優れていた。出身地に伝道し千葉法典教会を創立した。芝露月町教会（現・芝教会）に加え品川教会（現・大井町教会）の牧師を兼任した。官吏時代に板垣退助と昵懇となりその縁で高知伝道を先導し、また一八八三年四月九日に韓国人最初のプロテスタント信者となった李樹廷《イスジョン》に、芝露月町教会で洗礼を授けるなど大いに活躍したが、なぜか教会幹部から疎んぜられ晩年は日本基督教会から離れ、美普（プロテスタント・メソジスト）教会を手始めにドイツ普及教会さらにユニバーサリストなど各教派を転々とした。第二次松方内閣の書記官長高橋健三は義弟。

（8）**おミノ** カロザース家のお手伝いで、女学校の生徒にはなっていない。

（9）**ヴィーダー博士**（**Peter Vrooman Veeder, 1825–1896**） オランダからの古い移民の子孫としてニューヨーク州ロッテルダムで生まれた。ユニオン大学で物理学を修め首席で卒業し教師となったが、教職者になるためウェスタン神学校に進学し一八五七年に卒業した。神学校ではタムソンの五年先輩に当たる。ニューヨーク州およびカルフォルニア州の長老教会で牧師を務めたのち、サンフランシスコの市民大学の学長となり、一八七一年に明治政府に招かれ家族で来日し、大学南校（のちの東京大学）で物理、幾何、数学等を教えた。東京ユニオン・チャーチの長老を務め、たびたび説教も担当した。一八七八年に帰国したが、前年の約一年間、東京から富士山の見える年間日数の統計を残した。

（10）**ハリス監督**（Merriman Colbert Harris, 1846-1921）　オハイオ州ビールズビルに生まれた。若くして南北戦争に北軍義勇兵として参戦し、成人後にアレゲニー大学に入学した。一八七三年に同大学を卒業しアメリカ・メソジスト監督教会の教職者となり、同年一二月一四日、同教会初代宣教師として来日した。函館に赴任し内村鑑三、新渡戸稲造たち札幌農学校の学生五〇名に洗礼を授け、一八七八年に東京に移り一八八六年にいったん帰国した。一八年後の一九〇四年に日本・韓国の監督として再来日し、一九二一年に亡くなるまで青山学院構内に住んだ。

（11）**ミス・マックレーン**（McClain）　横浜の藍榭堂（旧高島学校）のアメリカ人英語教師。宣教師ではなく来日の経緯などは不明。原胤昭が藍榭堂時代に英語の指導を受けたと述懐している。

（12）**学校で授業**　ここではカロザース夫人の女学校なのかタムソン塾なのか、あるいはメアリー自身の英語クラスを指しているのかは不明。

（13）**毒麦のたとえ**　新約聖書『マタイによる福音書』第一三章二四－四三節のイエスによるたとえ話。

（14）**ミセス・プラインのお宅**　横浜山手二一二番の日本婦女英学校（現・横浜共立学園）内の寄宿舎。

（15）メアリーの部屋が築地居留地六番館A棟の北側にあることがわかる。

【編者解説】

メアリーに続いてこの年の六月にヤングマンが二人目の長老教会独身女性宣教師として来日した。二人は同い年でメアリーが半年ほど年長であったが、ヤングマンの気性の激しさにメアリーは自分のペースを乱されるのではないかと心配した。特にタムソンとの関係において、一種の怖さを覚えるようになった。

七　タムソンと婚約

一八七三年（明治六年）

八月一九日（火）

昨日の朝、横浜から帰宅した。滞在中は楽しいことがたくさんあった。他人の評判について起こったこと、聞いたことに不快感を覚えがっかりしたものもあるが、思いやりの心で優しく包んであげよう。私たち自身にはまったく誇るものがないこと、そして神の霊と神の愛の内住によってのみ誰もが品位ある、清らかな信仰深い人生を生きる希望があるということを、どうかいつも、完全に学ぶものとならせてくださいませ……。奥野〔昌綱〕の娘さん(1)が私に日本語を教えてくれた。そして、私は彼女のことがとても気に入った。彼女の父親は娘を雇ってあげたこと、しかも高給で雇ったことにお礼を述べられた。彼女自身も感謝した。

しかし、私は再び自分の部屋の静けさに戻ってとてもほっとしている。しかも親友〔タムソン氏〕がこんなにも近くにお住まいになっている。昨日の話し合いは、幸せ、自由で、充実していた。これら純粋な地上の喜び、御国の喜びに似た喜びに対してどのようにして神に感謝したらよいのか。今日私の教師、コナイ(2)がやって来た。タムソン氏がそのように手配してくださったからだ。彼女は私にとってお役に立ちたいです、と約束してくれた。私も彼女の手伝いをしたいと思う。彼女は信仰告白したクリスチャンだ。まだ救われていない姉妹たちのため尊い仕事にぴったりだと思う。すべてが私をうれしい気持ちにさせてくれるようだ。それで今日はとても幸せ。神様、あなたの御愛の豊かな太陽の日差しの中でいつも憩わせてください。

八月二〇日（水）

今日私は自分の教師にとても満足した。宗教について短いが真剣な話し合いをした。そのような機会をたくさん持ちたい、そしてできる限り人生の生き方を教えてあげたいと思う。

八月二六日（火）

郵便物が昨日配達されて、中に八通の手紙と六つの書類があった。愛情に満ちた言葉を読んでなんという幸せ！　サバンナ・ミッショナリー協会の婦人たちが私と定期的に連絡を取りたいとのこと。それからティビー（Tibbie）がはじめての手紙を書いてくれた。しかし、タムソン氏には手紙はなかった。夕方長い時間をかけて心を痛める問題を話し合った。それで感謝の一日も悲しみのうちに終わってしまった。

八月二八日（木）

昨晩は精神的にとても疲れた。カロザース夫人の所で寝た。というのも蚤が活発に動き回っていたし、空気がムッとしていて眠れなかった。私たちは二人とも起き上がり二時から三時頃ベランダに出て歩いた。それから少し夢の多い睡眠をとった。自分の部屋が少し明るくなったとき、入浴し、蚤に邪魔されることもなく自分のベッドで休んだ。これは明らかに日本で過ごした最悪の夜だった。しかし、祈り求めた雨が終日降り続いた。そして夜の苦難は忘れてしまった。床につく準備をしているとき、いつもより大きな地震の揺れがあった。

九月一日（月）

タムソン氏が今まで部屋におられた。昨日横浜で行った説教の話と横浜での世間話を話してくれた。前よりも体調が良くなっているのを見てほっとした。最近頻繁に会っていたが、これからはそんなに頻繁に会わないつもり。そしてそうするのがいいと私は納得している。良好な関係と時間の不一致は同居できない。カロザース夫人の学校が今日から始まった。

九月三日（水）

昨日の午後、部屋をすべて自分が持っているもので飾ってもらった。結果に大いに満足している。今朝、私の最初の生徒(3)が訪ねてきた。彼は『天路歴程』(4)を手に持っていた。「まだ読んでいる途中です」と言った。彼は時間が許すときには聖書を読んでいると言っていた。彼のために祈らないことがあっただろうか。彼のために祈った友人に手紙を書かなかったことがあるだろうか。そしてキリスト教への回心を期待してはいけないだろうか。「主よ、私たちの信仰を増し加えてください」。彼は、「あなたが言われたことは忘れません」と言って、立ち去った。この青年の言葉と立ち振る舞いによって、神は私の信仰をより強固なものにしてくださったと思う。

九月四日（木）

いつもと変わらないような一日だった。朝食後、タムソン氏と少し散歩した。それから教師とお昼まで日本語の学び、四時過ぎまで書き物、果物と小さなプレゼントを持った日本人の婦人と女の子が訪ねてきて六時近くまで長居した。夕食後、明るい月明かりの中、タムソン氏と長い散歩をし、おしゃべりを楽しんだ。今、戻ったところで私たちの故国のわが家のことを話したと書き留めている。その後、話題は、自由に高められた魂の喜びと疑う余地のない天上のふるさととの喜びに及んだ。先の予測ができないことが多い中、私の心には平安があり、神への感謝がある。

九月七日（安息日）

すばらしい日だった。新しい時代を切り開く最初の一日だ。月初めの安息日、聖餐式安息日、そして何人かの魂を暗黒と不安から光と喜びと平安へと導く日。昨日の夕方郵便が届いた。うれしい手紙と新聞だった。タムソン氏に対しては、この感謝と喜びの源となるものが届いた。昨日の夕方彼は在宅だった、しかし独りではなかった。彼の顔に安堵と幸せを読み取り私は満足した。明らかになったことはこのおめでたい日[5]のためにとっておかれることになった。その時代の最初の出来事になるように。この日のもう一つのすばらしいことはタムソン氏が行った説教だ。テキストはヘブライ人への手紙第一一章一七節。私たち自身が持っている力をもってしては誰もあのような力強さで真実を語ることはできない。この一日は末永く覚えておこう。「私の魂と内なるものはすべて奮起させられ、聖なる御名が高められ、崇められますように[6]」。

九月八日（月）

快適な屋形船に乗り、川を上った。午後いっぱいを費やした。見物するに値する物はほとんどなかった。多くを聞き、また考えた。私はすべて彼のもの、そして彼はみな私のもの。そして私たちは二人とも感謝に満ちた、神の愛する子ども。これからの生涯の中で、前にも増して神に仕え、従いたいとの気持ちになった。静かな満足感と幸せの世界に浸っている。

しかし、この国の国民はなんと罪に汚れていることか。怠けるのはよそう。一緒に進めば骨の折れる仕事もそれだけ軽くなるだろう。今朝私の生徒の二人が再び学校のことでやって来た。はっきりしたことが何もわからなかったので明日来てみるように伝えた。

九月九日（火）

生徒たちに来週月曜日から授業を始めると伝えた。今日私の日本語教師と、日本人が亡くなった人のために着る喪服について話した。上流階級だけがこの習慣を守っている。黒装束でなく白い装いになり五〇日か一〇〇日の期間を過ごす。この期間に友人たちが訪ねて来てお悔やみを言うのが習慣だ。今は彼女と一緒に新約聖書を読んでいるが、とても楽しくなってきた。夕方はタムソン氏と一緒に過ごした。今日彼は東京に日本人教会を設立する相談で横浜に出かけて留守だった。(7) 横浜ミッションとの話し合いは楽しい協調性のある雰囲気で行われた。カロザース氏は彼らの見解には賛成していない。

ミス・ヤングマンの将来が私たちにとっていささか心配の種。しかし、私たち自身の生活と将来には夢で夢中になってしまう。私たちはともに跪き、二人の愛とともに歩む人生のため神の祝福を祈り求めた。私たちは考える、すべての人がそれぞれ独りで生きてきて、そしておそらくは真摯に、確実にそれぞれが相手に引き渡されるように導かれたのだ、と。細やかな感情、優しい愛に満ちた言葉！　私たちはそれぞれが別々にこのために祈りを捧げようと自分の部屋に戻った。

九月一〇日（水）

タムソン氏が祈禱会に来られ、そのとき横浜で翻訳された『小教理問答』(8) を各自に一部配られた。

九月一一日（木）

夕方はタムソン氏と過ごした。一緒に神の導きを求めて祈った後、私たちの将来について語り合った。ああ、このような親愛なる、親切で、思いやりある人、その人のそばで労苦し、必要なら苦難も共にする人が与えられるとはなんという大きな喜びであろうか。

九月一二日（金）

朝のうち雨。日本語教師はとても誠実な人のようだ。遅刻したけど、雨の中約束を果たした。彼女に会ったら、昨日販売目的で持ってきた鼈甲《べっこう》飾りのことを思い出した。しかし、私のスマートな財布にはそれらは高価すぎた。

注

（1）**奥野の娘さん**　奥野昌綱の娘のヒサ（久）。彼女はフェリス・セミナリーに学び、のちに横浜海岸教会の牧師となった稲垣信《まこと》と結婚した。

奥野昌綱（一八二三―一九一〇）幕臣竹内家の三男として江戸下谷に生まれ、成人後奥野家の養嗣子となり輪王寺宮家に出仕した。明治維新の際、上野彰義隊の戦いで敗れ、落ち延びて潜伏生活を送った。のち小川義綏と知り合い、一八七一年にヘボンの日本語教師となり、『和英語林集成』二版の改訂を手伝った。槍術、和漢、書画に通じた。一八七二年八月四日、S・R・ブラウンから受洗し、日本基督一致教会創立に合わせ教職者となった。麴町教会牧師、新栄教会仮牧師、聖書翻訳と浄書、讃美歌編纂、地方伝道者としてキリスト教界の重鎮として活躍した。

（2）**コナイ**　竹村（武村・武邑）耕靄《こうあい》（一八五二―一九一五）。芝の仙台藩上屋敷で藩士竹村仁佐衛門の長女として生まれた。本名は千佐子。幼くして母を亡くし八歳の頃から狩野派の日本画および南画を学んだ。一八七一年に横浜で開校間もないアメリカン・ミッション・ホーム（現・横浜共立学園）に入学し、一八七二年三月にS・R・ブラウンから洗礼を受け横浜基督公会信徒となった。英語に優れ、翌一八七三年東京に戻り八月からメアリーの日本語教師となり、交換教授として彼女から改めて聖書と英語の指導を受けた。九月二〇日の東京基督公会創立時には設立メンバー八名の一人となった。一八七五年工部省製作寮の助教兼通訳となり、この年西洋画を川上冬崖から学んだ。翌年東京女子師範学校の英語および洋画の教師となり、在職中の一八七九年七月、アメリカ合衆国前大統領のグラント（Ulysses S. Grant）夫妻が来日した際には夫人の通訳として大任を果たした。一八八六年には東京女子師範学校教授となり、共立女子職業学校（現・共立女子大学）の設立発起人の一人にもなった。画家としては日本美術協会員として活躍し、数々の賞を獲得した。一八九八年に女子師範学校の職を辞し、短期間女子美術学校の教師を務めたのち小石川の自宅に画塾を開き、外国婦人を含む多くの上流階級の婦女子を門下生とした。早く新栄教会から牛込教会に転会し生涯信仰生活を守った。明治初期にキリスト教の信仰を得て職業婦人としての生涯を貫いたことは、日本女性の新しい生き方であった。作品は比較的多く残されている。

（3）**最初の生徒**　松平忠孝（?―一八七五）。父は信濃国上田藩第六代藩主で老中を二度務めた松平忠固（忠優）。兄に松平忠礼（七代藩主）、松平忠厚（アメリカで土木工学者として活躍）がいる。兄二人は維新後アメリカのラトガース大学に留学したが、忠孝はそれ以前の幕末期に兄の忠礼と長崎に遊学し、フルベッキから英語を学びキリスト教に接した。維新後築地でタムソン塾に入りタムソン夫妻からキリスト教と英語を学び、一八七三年一一月四日、タムソンから受洗し東京基督公会信徒となった。旧上田藩士の鈴木親長、銃太郎親子をキリスト教に導いた。のちにメアリーの日記にあるように一八七五年一月二二日、若くして天然痘のため召天し、メアリーに心の痛みを与えた。

（4）**『天路歴程』** 一七世紀の伝道者で作家のジョン・バニヤン著の寓意物語 *Pilgrims Progress*, 1678のW・C・バーンズ（William Charles Burns, 1815-1868）による漢訳本（一八五三年）で、当時広く読まれた。日本語への重訳本が佐藤喜峰（一八七九年）や池亨吉（一九〇四年）の訳で出版されている。現代語訳も数種類刊行されている。旧新聖書に次いで読まれている聖教書と言われている。

（5）**このおめでたい日** この日（九月七日）にメアリーとタムソンは結婚の約束をしたと思われる。

（6）旧約聖書『詩編』一〇三編一節。メアリーの日記の原文は次の通り。My soul and that is within me be stirred up to bless and magnify His holy name.

（7）一八七三年九月六日に横浜居留地三九番のヘボン邸で横浜基督公会の総会があり、これに陪席していたタムソンは東京の集会を横浜基督公会の支会として認可願いたいとの申し出を行い、さらに長老の小川義綏が趣旨説明をした。出席者から異議なしとして東京支会の設立が認められ、この決定を受けて在京の信徒たちは同月九日付で請願書を作成しタムソンがこれを横浜基督公会に届け、同日付で認可状が長老奥野昌綱および教師J・H・バラの名前で発行された。東京基督公会（現・新栄教会）の創立式は一八七三年九月二〇日に行われたが、この一連の手続きから教会の設立はすでに八月の初めには済んでいて、小川義綏が長老に選ばれていたことが確認できる。

（8）**『小教理問答』** ウェストミンスター小教理問答。長老教会在日ミッションでは一八七五年に翻訳委員会を立ち上げ、一八七六年二月にヘボン名で出版したが、一八七三年の時点で翻訳が終わって冊子として印刷、配布されていたことがわかる。

八　東京基督公会の創立

一八七三年（明治六年）

九月一六日（火）

夕食のとき、タムソン氏が今設立しようとしている合同教会についてカロザース氏と話し合った。[1] 彼はカロザース氏の発言に煽られたが、冷静さは保っていたと私は確信している。タムソン氏が来られたのは八時だった。そしてこの合同問題について一晩中、夜が更けるまで話が続いた。タムソン氏が直面する一つひとつに神の導きがあるようにと私は切に願い、信じ、そして祈る。私にはよくわかっている、彼がシオン[2]とその平和を愛していることを。すべての人が同じようにシオンを愛していたらどんなにすばらしいことか。しかし賢者のうちの賢者であられる父なる神が彼を導き、不必要な紛争とそれが原因で起こるかもしれないいかなる危害も生じないようにと祈る。

九月二三日（火）

何日か興味深い行事が続いて終わった。日本人教会が九月二〇日、土曜日に組織された。しかし、タムソン氏によってではなく、日本人長老たち自身によって組織された[3]。彼らはタムソン氏を牧師として選出し、タムソン氏はその職を引き受けた。宣教師は全員が出席した。ミセス・プラインとミス・ガスリー[4]もやってきた。大変興味ある感動的なひとときであった。〔横浜基督公会〕長老の奥野（昌綱）は感極まっていた。ミス・ヤングマンは昨日戻った。彼女の数々の煽るような質問が気になった。私は彼女に対しても、婦人伝道局に対しても、そして私の人生を完璧なものにするため神が与えてくださった愛しい人に対しても、ただ自分のなすべきことをなすのみである。私は絶えず主の導きを求めている。

この夕べもまたタムソン氏と楽しく時間を過ごした。そして日本語文法をまとめる作業は遅々として進まない。教会は漆《うるし》を塗っている最中なので、私たちは彼の住まいの部屋で授業をした。彼の家の中に入ったのは今回が初めてだった。雨と荒れ狂う風は一日中続いた。午前中もちろん私の日本語教師は来なかったし、自分も午後教えに出かけなかった。目下、日本は不快な季節に入ったようだ。しかし、私たちと違って日本人は戸外に出るのは苦にならない。彼らは衣服を膝か膝上にまくり上げ、傘をさして重い足取りで歩く。

九月二九日（月）

夕方。うっとうしい雨の日。一日中暖炉のそばに座り、勉強したり、書き物をしたり、読書して過ごした。私の教師ととても楽しい時間をもった。聖霊の力と日本が神に立ち返るときには天と地に満ちる喜びについて話した。カロザース氏とタムソン氏は六時過ぎに横浜から戻られた。宣教師会議は何事もなく終了した。それで私は安堵の気持ち。ミス・ヤングマンの日本語教師〔吉田信好〕に七五ドルの予算がとれ、そして私の先生〔竹村耕靄〕にも同額が確保された。タムソン氏が私の三か月分の給与と私が今朝ミス・ヤングマンに書いた手紙への返事を届けてくれた。彼女は私の人生の変更案(5)を完全に賛成してくれているように見える。そして、実情を伝えることができてほっとした。また、会議ではタムソン氏が土地と家屋を建てるための予算が計上された。順番として次になすべきことはミセス・グラハムに結婚の報告、そして同じような手紙を家族にも書かなくては。夕方カロザース氏に四か月分の賄い代、一八七三年三月二五日から数えて当然支払うべき一か月分と三か月分の先払い、合わせて九八ドルを支払った。タムソン氏はひどい頭痛に悩まされて帰ってきた。それで、今夕はほんの少しだけ私の所で過ごされた。彼も私も幸せを感じた。

一〇月五日（**安息日**）

今日タムソン氏が再び説教をされた。そして今日は聖餐式安息日でもあった。会場は満員で大変すばらしい礼拝であった。説教はパウロのエルサレム入りとイエスのエルサレム入城の比較対照であった。多くのことが自分には新鮮で印象的だった。私の愛する人の真面目さと才能に私は日を追うごとに確信を強め、幸せな気持ちになる。最近の安息日の日々は晴れやかな気持ちだ。キリスト教国である故郷にいるときよりも遥かに心地よい。聖餐式に立ち会った日本人が素朴で厳粛な礼拝に感動してくれたらと願う。聖霊が彼らの耳元にささやいて、聖餐式のことを忘れまい、忘れることができないようにしてくださればいいと願う。

一〇月七日（火）

今日、横浜に行く小川〔義綏〕に私の手紙を託した。父、レベッカ、サラ、ケイト（Kate）、ミセス・グラハム、ミセス・ウォレス（Wallace）宛てに手紙を書いた。タムソン氏もまた私の父親に結婚を知らせる手紙を書き、私の手紙に同封した。

一〇月八日（水）

シャム〔タイ〕派遣の長老教会宣教師ブルーマン博士が船に乗るため、今日から数週間の予定で当地に来た。彼との交わりが楽しく有益なものとなるよう願っている。

一〇月九日（木）

小川と奥野が今朝伝道旅行に出発した。(6) 出発前の様子は感動的だった。思い返すたびにその光景はますます素朴で神聖な権威と重要性を帯びて浮かんでくる。彼らは朝早く起き、旅支度をした。それから二人は跪き簡潔で飾らない言葉で、神が共にいてくださるよう、また神の祝福を熱心に祈り求めた。このような正直で熱心な二人の男たちは自分たちの魂に神の御光を受け、彼らの顔が照り輝き、神はきっと二人を祝福し、人々をして彼らの語るのを聴きたいと思わせるだろう。

注

（1）カロザースは一貫して教派主義の立場であり、タムソンの理想とする教派合同の教会設立の考えに強く反対していた。

（2）**シオン**　文脈・背景から、ここでは神の都としての「教会」あるいは「神の民」としてとらえるのが妥当と思われる。

（3）タムソンは日本人の教会は日本人が建てるべきと考えていたので、日本人信徒の自主性を尊重し本人は前面に出なかった。礼拝はカロザース夫人が平日に女学校の授業に使っていた築地居留地六番内の長老教会ミッション小会堂で行っていたが、徐々に教会員が増えて来たためタムソンも設立に努力した、六番隣接の居留地一七番Bに建つ東京ユニオン・チャーチを借用することとし、教会堂使用の賃貸契約を結び、安息日の朝の日曜学校および午後からの礼拝を行うようになった。

（4）**ミス・ガスリー（Lizzie Elizabeth Marguerite Guthrie, 1838-1880）**　ペンシルベニア州ベーカーズタウンで長老教会の牧師の家に生まれた。一八六八年、三一歳でアメリカ婦人一致外国伝道協会（WUMS）の宣教師としてインドに派遣され、四年後の一八七二年に体調を崩し本国に帰国途中日本に立ち寄り、そのまま横浜に留まりアメリカン・ミッション・ホームの教師となった。一八七八年に帰国しアメリカ・メソジスト・プロテスタント（MPC）教会の婦人海外伝道局の設立に努力した。一八八〇年三月に同教会の初代来日宣教師の任命を受け四月再来日の途についたが、五月一五日にサンフランシスコで日本行き客船の出航を待っている間に肺炎に罹り、志半ばで召天した。享年四二歳であった。

（5）メアリーが独身宣教師として伝道に従事することを変更し、宣教師夫人となることを指している。

（6）ミラーから旅費二〇両が提供され、小川義綏と奥野昌綱の二人が一〇月九日〜二八日の間、日本人教職者として初めて上総、下総、八王子、府中、志木、千住などへ巡回伝道を行った。このとき小川は四二歳、奥野は五〇歳であった。奥野の年齢は当時としてはかなりの年配で、その使命感の強さが伝わってくる。

九　信徒との交わり

一八七三年（明治六年）

一〇月一〇日（金）

父、ミニー、A・D・リーマン（Lehmann）から手紙が届いた。リーマン氏はウースター大学のブレイナード協会に定期的に原稿を書いてほしいと頼んできた。

一〇月一一日（土）

今日の午後カロザース夫人と出かけようと決めていたが、カロザース氏が別の予定を立てていたので他のことをすることにした。彼は自分一人で行ってしまった。ペンよ、あなたはどうしてそんなところで汚点をつけてしまったのか。祈る元気が出てしばらく祈ったあともっと熱心に祈り、そして今は、この小さな試練に出会ったことに私は心の奥底から神に感謝している。愛情と幸せの中にどっぷりつかり、試練がないと私はさらに安心して忘れっぽくなるのかもしれない。

この土曜日の午後の数時間は独りぼっちだったが、これこそ自分が必要としている時間だ。神は自分に対して少しの痛みを与えられたが、この痛みこそ試練に利益をもたらすもの。この家庭で責められることのない生活を送るため、主よ、日毎に恵みと力を与えてください。私はタムソン氏を悲しませたり、不安にさせたりしないようこれらの一つも話すまい。救い主の恵みが、私の中に潜む悪にいつも勝利するように助けてください。心に敵意を宿すのはいけない。

一〇月一三日（月）

今日悲しい出来事が知らされた。ミス・ヤングマンの〔日本語〕教師の吉田〔信好〕[1]が横浜から上京し、そのクリスチャン仲間の一人が信仰のことで父の反対といじめに遭っていることを話してくれた。この青年はキリスト教信仰を告白してから父親によって二、三度家で軟禁されていた。彼は父に従わず、従うことに恐れを感じた。言うことを聞かない息子に怒り心頭に発した父親は、横浜にやって来て彼をむりやり家に帰らせた。[2]（タムソン氏と私が）夕方短い散歩をしながら、神はもしかしたら、きっとこれらの出来事から祝福をもたらしてくださるのだろうと、静かに元気づける語り合いができた。最近は外を散歩するかベランダでの散歩が唯一顔を合わせる機会となっている。私たち二人にとって、これは残念なことだが、お互いが気持ちを強く、冷静でいるためには特に必要な思いやりの心を養う機会となっている。

一〇月一四日（火）

吉田は彼〔吉田のクリスチャン仲間〕が家で暴力を振るわれないようにするため、押川〔方義〕[3]と一緒に彼の家に行くつもりだ。タムソン氏は押川がここを休んでいる間の諸経費として、学校の生徒たちの授業料から三か月の間、毎月一五ドルを支給することを決めた。[4]放課後の散歩は楽しかった。ある女性が大量の小さな紙片を海に投げ捨てているのを目撃した。私たちは彼女の近くにあった石に座り、そしてタムソン氏が何の儀式ですか、と尋ねたが、その女性は何も答えないですぐにそこを立ち去った。私たちは岸に着いた何枚かの紙片〔短冊〕を集めたが、紙には仏陀への祈りが書いてあり、みな同じことが書かれていた。

一〇月一六日（木）

快適で有意義な一日だった。今日はタムソン氏のクラスで話されたことがいつもよりよく理解できたと思った。そしてこのことは大きな喜びだった。毎日何時間も静かにじっと座っているのは少し疲れる。さまざまな種類の職業はどんな仕事でも軽やかにするだろう。決して愚痴を言うつもりで書いているのではないが、私の運命は別の道〔独身宣教師〕を進んでいたよりもなんと輝かしく、変化に富んでいることか。

一〇月二〇日（月）

苦難にある仲間のために立ち上がった吉田と押川の二人の青年の心の中で、また本物のクリスチャン精神を持った、おきん〔小川義綏夫人〕さんの心の中で御霊が力強く働いており、しかもその活動が広範囲にわたるしるしを見て深く感謝している。タムソン氏は大変喜んでいて、確信に満ちている。彼らはタムソン氏に会うため夕食前にやって来た。おきんさんは名実ともに長老夫人の座についた。彼女は彼らに食事を用意し、思いやりと親切心をもって話しかけた。食後、彼らはタムソン氏とこの件について長い時間かけて、あらゆる角度から検討した。頑固な押川の養父のこと、外国人、外国の習慣、外国の宗教に対する憎悪がそれほど強くない者たちからの共感、かつて信仰を捨て、最初は暗い生き方をしていたが今では以前より明るく生きている近所に住む青年のこと。彼らはこれらの友人と近所の人々に福音の真理を知らせる機会を与えてくださいと祈っていた。今、神はこの機会を与えられ、そして、押川の母が本当の神のことを熱心に聞いてくれる今こそ、彼らは語らねばならない立場に置かれた。それから（タムソン氏は）跪いて彼らと一緒に祈った。祈りが終わると、二人も続いて祈った。彼らの祈りがとても熱心で、広範囲にわたり、力強かったので、タムソン氏は心からの喜びと驚嘆に満たされた。彼には神が共にいてくださるとの強い確信があった。そしてこの出来事からどんなすばらしい結果が生ずるかは神のみぞ知るである。

一〇月二五日（土）

今朝は長い時間かけて散歩し、小さな買い物をした。それからタムソン氏はある日本の婦人に写真を撮ってもらった。

一〇月二六日（安息日）

朝の天気はうっとうしかったが、私の今までの人生同様日差しが出て明るくなってきた。タムソン氏は、多くの日本人会衆が礼拝に集い励ましを受けた。また、今回は〔ユニオン・チャーチで〕、外国人礼拝で説教する日でもあった。午後、彼のクラスが終わってから、少しの時間二人きりになった。するとブルーマン博士が部屋に入ってきた。私たちはニューヨークの牧師たちのことを話題にした。そのうちの何人かについて私の言葉が厳しすぎて、十分な愛に欠けてしまったことを後悔している。乱暴な言葉、手に負えない心、心して慎み深くなろう。私が堕落しないよう支えてくださる神のため、さらに神の愛を求めさせてください。

一〇月二八日（火）

心が上下に沈んだり、高くなったりするようなことがあった。今朝、タムソン氏の写真を受け取りに行った。持ち帰りたいと思っていた通りの出来映えだった。写真は愛する、優しい彼の顔の様子がわかるだけでいいのだが、家族に送る写真はどうでもいいとは思わない。

一一月一日（土）

午後、開成所〔のちの東京大学〕の人々を訪問した。行きは歩いて、帰りは乗り物に乗った。フルベッキ氏[5]に会ったが好印象だった。彼のなめらかで優しい声はとても音楽的。帰宅すると、タムソン氏が横浜から戻っておられた。夕食後、彼が私のために買ってくれていた上等な毛布をくださった。日本人の少女たちが夕方皆帰宅[6]したので、しばらくの間二人きりで過ごした。神から授かった素敵な友と過ごした時間はなんと幸せなことか。ミス・ヤングマンは不安で落ち着かない様子だ。

一一月三日（月）

今朝散歩の途中、タムソン氏は現在彼が置かれている不愉快な立場についていろいろ話された[7]。そして、私たち二人を取り巻くつらい、悩ましい環境のこと、そして私たちの結婚を早める必要があることも話した。たぶん私が少しためらっていることに悲しんでおられたのかもしれない。彼の言われたことはまったくその通りだと思う、また自分が心を許したときに行ったことは間違いないし最善だったと考え、満足し、納得している。今のところ来年の四月、私が日本に来てちょうど一年になるのを記念して私たちは結婚するかもしれない。そのような夫を持つと決まったとき、妻の座についてくる苦労も、結局なんと軽やかな気持ちで受け入れられることか。決して愛がなかったとか、自信がなかったわけではないが、少し躊躇する気持ちがあったし、先延ばしする気持ちもあった。

彼は、小川夫妻と一緒に日本人教会の会員の一人から夕食に招待されていることを告げた。それで私の先生〔竹村耕靄〕が来たが、再び帰らなければならなかった。しかし、彼女は自分の家が途中にあるので、素通りしないで是非お立ち寄りくださいとも言った。彼女は父親を私に会わせたいと思っていた。一〇時に私たちは出発、その日は天気がとても晴れやかなので歩くことにした。今日は祝日で国民が青年天皇の誕生日として覚えていて、赤い日の丸の旗を掲げているとしたら、それは国民が忠実な臣民だという証だ。家々のドアといい窓といい旗が揺れ動いているように見えた。コアイさんの家に着くと大変親切に迎えてくれた。写真を見せてくれたり、お茶、ぶどう、柿、砂糖菓子をご馳走になったり、お庭を案内してもらった。彼女の父親は年取っているが、精力的で活動家のように見えた。

G. H. F. フルベッキ
（新栄教会所蔵）

ここからは人力車に乗って目的地に向かった。きれいな住まいだった。装飾品のある快適な庭、花、野菜、茶の木、すべてが興味の対象で、タムソン氏が「将来家を持ったらわが家の庭にこちらがいただけるかもね」と言ったとき、さらに興味が湧いた。ついに西洋の流儀でいくつかのコースからなる夕食が登場、タムソン氏と私が一つのテーブルに、小川と家の主人がもう一つのテーブルについた。彼は、家内は洋式に慣れていないもので失礼しますと言い訳をした。家の使用人は表に出ないで、主人の妻と小川の妻が給仕をした。タムソン氏が食事の祝福を捧げ、食事が終わると婦人たちも皆部屋に入り、小川が熱心に祈っている間居合わせた人たちは跪いた。話されていることは少ししか理解できなかったが、私の判断では、この家庭がなんと聖別された家庭に見えたことか。このご主人の妻は現在洗礼を志願している。彼女はうやうやしく私たちに膝をかがめた。今回の訪問は、はじめから終わりまで楽しさ一杯だった。

芝の通りを歩き、帰りに古い通りの一つを歩いたのも今日の楽しい思い出として忘れることはできない。私たちは何人かのお役人が豪華な服装で外国の馬車に乗っているのを見た。たぶん天皇を表敬訪問したのであろう。今は夜のとばりが下りて、自分の部屋で天の父の優しい御守りと行く所どこにあっても御国の近さを感じて感謝の念に満たされる。私たちが祝福された羊の群れからはぐれて、さ迷うことがありませんように。私たちが人々を、たくさんの人々をその群れに導く手段となることができますように。

注

（1） **吉田信好（一八五〇－一九二五）** 吉田信好、押川方義および櫛部《くしべ》（進村）漸《ざん》の三人は伊予国松山藩の出身で、吉田と押川は一八六九年に松山藩給費留学生に選ばれ語学研修のため上京し、大学南校で学んだのち横浜に出てJ・H・バラのもとで英語を学んだ。櫛部（当時は進村姓）はやや遅れ一八七一年に松山県の給費留学生に選ばれ横浜に出て、吉田と押川の二人と合流した。三人は一八七二年三月一〇日に横浜基督公会が創立された日、九人受洗したうちの三人となった。吉田は「寛厚の長者」と言われて、仲間から尊敬を集め長老に推薦された。ミス・ヤングマンが来日すると彼女の日本語教師を務めた。一八七七年に麴町教会の初代長老となり、その後下谷教会に移ったが、工学系のビジネスを行い洋傘の骨の開発、畳事業や改良火器の名称で特許を得たりした。

（2）　メアリーの日記の文面からは「この青年」が誰であるか特定が難しいが、当時のクリスチャンは限られていることから、この頃養父からキリスト教入信を責められ試練に立たされていた櫛部漸と思われる。彼は一〇代で松山藩医の進村家に養子に入ったが、妻の死に際しキリスト教信者になったことを告白したことで養父の怒りを買い養家を勘当され、櫛部姓に戻った。同じ松山藩出身の吉田と押川が関わっている点からも櫛部の可能性が高い。ただし彼の小伝（櫛部和夫『櫛部漸小伝』私家版、一九七五年）では一八七三年夏頃には東京の築地に出て来ているとあるので、時間的にメアリーの記述と一致しない。小伝の記述は史料に基づいて書かれたものではないので、メアリーの日記のほうが正しいと思われるが調査が必要である。

（3）　**押川方義**（**一八五〇―一九二八**）　伊予国松山藩の下級武士の三男に生まれ、同格の押川家に養子に入った。学齢となり藩立英学校で学び、成績優秀をもって維新後の一八六九年に藩給費生となって大学南校、横浜修文館に遊学した。横浜でS・R・ブラウン、J・H・バラ、タムソン、ルーミス、ミラーらから英語の指導を受けキリスト教に触れ、一八七二年三月に同郷の吉田信好、進村漸とともにバラから受洗し横浜基督公会の初代信徒となった。翌一八七三年夏のブラウン塾開校とともに入塾し英語と神学を学んだが、秋には上京しタムソン塾で教師を務めたようである。その後一八七五年末に新潟に行きT・A・パーム宣教師（エディンバラ医療伝道会宣教医）を応援し、一八八〇年に仙台に移り、翌年吉田亀太郎とともに仙台教会（現・仙台東一番丁教会）を創立し、一八八六年アメリカ・ドイツ改革教会の宣教師とともに仙台神学校（現・東北学院）および宮城女学校（現・宮城学院）を設立、さらに教育事業から実業界、政界に進出し代議士に二回当選した。北樺太の石油事業を手がけるなどスケールの大きな人物であった。作家の押川春浪は長男、野球の普及に貢献した押川清は二男である。

（4）押川が築地でタムソン塾の教師を務めていたことはこの日記で初めて明らかになった。

（5）**フルベッキ（Guido Herman Fridolin Verbeck, 1830-1898）** オランダでルター教会の家庭に生まれ、モラビアン教会の学校を出て鋳物工場で働いた。二二歳のときアメリカに住む妹夫婦を頼って移住し、起業家を目指しウィスコンシン州の鉄工所やアーカンソー州の橋梁建設現場で技師として働き、同地でコレラに罹り九死に一生を得たことにより教職者となることを決意した。ニューヨーク州の長老教会経営のオーバン神学校で学び、一八五九年卒業と同時にアメリカ・オランダ改革教会日本派遣宣教師に応じ、出発直前にマリア・マニヨンと結婚式を挙げ、同年一一月七日に長崎に到着した。長崎で幕府や佐賀藩の洋学校で教え、佐賀藩家老村田若狭守兄弟に洗礼を授け、大隈重信、副島種臣、大木喬任《たかとう》らに西洋知識を教授した。維新後新政府に招かれ開成学校教頭、正院、左院および元老院の顧問を務め、西欧の文献の翻訳に従事し政府の法整備に貢献した。その間、海外使節団（岩倉使節団）の提言を行った。一八七七年にお雇い満期となり、東京一致神学校、学習院で教鞭を執り、その後地方伝道、聖書翻訳、明治学院理事、同神学部教授等に従事した。一八七三年九月の東京基督公会（新栄教会）創立時には日曜学校校長を引き受け、二年後新栄橋のたもとに新会堂を建設する際には多額の献金を行うなど常に教会を支援した。

（6）カロザース夫人の学校の寄宿生は、土曜日の夕方に実家に帰る校則があった。

（7）タムソンは長老教会派遣の宣教師であったが、仮牧師を務める東京基督公会は超教派主義を唱える日本基督公会（横浜基督公会）の支会となっていたことから、長老教会在日ミッション内で批判を受け孤立化していた。

一〇　日本人教会における最初のクリスマス

一八七三年（明治六年）

一一月一一日（火）

日本語の先生〔竹村耕靄〕は今日来なかった。それで私は一人で学び、必要な考えごともした。新しく来た聖公会宣教師たちが、昨日教会で自分たちの流儀で礼拝を行った。私はそのような礼拝に違和感を覚えた。高きにいます神、つつましく、悔い改めの心をもって礼拝に臨むことをお求めになる神は、そのような空虚な政治機構のほうをもっと喜ばれるのだろうか。

一一月一二日（水）

いつもの日課はほとんどこなした。学び、授業、読書、縫い物、仕事、リスニング、そして運動のためのウォーキング、すべての時間は充実していた。しかし、夕食を食べているとき口にしてしまった一見軽率な言葉、これほど大きい目の前の課題はない。この件はいつ沈黙を守るべきか、つまり、適当な言葉が浮かばないときは黙っているのが得策と教える教訓としたい。昨日郵便物が届いた。父、ケイトとウィリーからの手紙、そして銀行の間で一大パニックになっている(1)報告があった。

一一月一七日（月）

他の心配事や悲しみはなんとか乗り越えたが、ため息をついて忘れ去ることのできない重荷が残っている。主よ、わが願いを聞き給え。わが身が清らかに支えられますよう、そして同じ豊かな恵みが愛する人〔タムソン〕にも注がれますように。不思議な話だが今日いくらかぼんやり曇っていた過去がわかってきた。

一一月三〇日（安息日）

自分の家で説教してほしいと奥野〔昌綱〕と小川〔義綏〕を招いた男性たちの一人が当局によって非難と警告を受けた。僧侶たちが人々を扇動しているからだ(2)。政府もまたキリスト教徒と宣教師の権利を徐々に制限すると脅している。その脅しは、日本にいる外国人居住者が日本の法律に進んで従おうとしないという理由からだ。蒸気船の入港とヘボン博士の到着(3)のニュースが入った。

一二月六日（土）

多忙な一週間の土曜日夕方、ミス・ヤングマンが訪ねて来た。また、われわれの新人宣教師のミス・ガンブル[4]とO・M・グリーン[5]氏も一緒だった。近いうちに婦人宣教師たちは新築の家[6]に移り住む予定になっており、私もみんなと一緒に住むことになる。ミラー夫妻も私たちに会いに来てくださった。私は彼女[7]とその容貌と言葉遣いが醸し出す仕草が気に入った。今回送る郵便物は、父とレベッカに書いた手紙がすべてだった。今日、大型カバンとタンスのすべてを整理した。これですべてが落ち着くべき所におさまり、どこに何があるかわかっている。

一二月二〇日（土）

悲しい一週間の土曜日の夜。しかし、今はすっかり落ち着きを取り戻した。私たちはクリスマスに客間を飾るアイビーを手に入れた。ミス・ガンブルとミス・ヤングマンがカロザース夫人の学校を手伝う問題で一週間揺れた。

一二月二六日（金）

私はミス・ヤングマンとミス・ガンブルと二晩、私の部屋で寝泊まりした。そして私は人間関係も良好で満足している。クリスマスの日は過ぎた、そして私は決して忘れられた存在の仲間ではない。カロザース氏は私のために『バイブル・エンブレム』という素敵な本をツリーに吊るして、イブの楽しい集まりでそれをくださった。クリスマスの朝になって、私が座る朝食の席にミス・ヤングマンから素敵で便利な包みが置いてあった。包みには二枚の刺繍と日本語に訳された讃美歌の小さな本が入っていた。その日のうちにタムソン氏のプレゼントが届けられ、それは重い銀のひもで結ばれ、大きな絹のふろしきには珍しい弁当箱が入っていた。私の先生からのプレゼントは自分で描いた絵の扇子、そして優しいおキヨさんからは、みかんがいっぱいのお盆をいただいた。

夕方、ここで日本人の小さな集会が開かれたが、みんなが大変楽しんだようだった。今日の学校の出席者は少なかった。生徒たちはたぶんお正月の準備をしているのだろう。放課後、（タムソン氏と）散歩の途中にシャベル、トング、火かき棒を買った。私たち二人は、普段お酒はめったに飲まない、日記に書くほどのことでもないけど。それはこの二、三日続いた多忙の自然の流れだった。しかし、今年のクリスマスがこれまでの人生の中で最高だったと、二人とも同じ考えで、そう話し合った。

注

（1）いわゆる「一八七三年の金融恐慌」を指す。欧州で起きた株式市場の大暴落をきっかけに、アメリカの鉄道会社に投資していた欧州資本家がこぞって株式を売却したため、資金繰りに行き詰まった多くの鉄道会社が倒産した。これを受けて鉄道会社に貸し付けをしていたニューヨーク最大の銀行の一つジェイ・クック銀行が破綻したため、各地の銀行で預金者が引き出しを行い、少なくとも一〇〇行以上が倒産し金融恐慌が発生した。

（2） 切支丹禁制の高札撤去布告後も各地でキリスト教取り締まり事件が起きていた。警察や裁判所はキリスト教を学ぶことは許されているが、信仰することは認められていないとしていた。またこの時期、仏教側からの排耶書刊行も多く見られた。

（3） ヘボン夫妻は前年一〇月に休暇でアメリカに一時帰国していたが、一八七三年一〇月一六日に息子サムエル（Samuel）の結婚式を終えて、一一月三〇日に横浜に戻ってきた。

（4） **ミス・ガンブル（Anne Matilda Gamble）** アイルランドのドニゴール郡ラメルトンで長老教会牧師の家庭に生まれ、幼少時の一八四〇年代に一家とともにアメリカに移住した。五人兄弟姉妹の末っ子で長女であった。偶然メアリーとガンブルの生家は数キロの近距離にあった。生い立ち等は知られていないが、日本に活版印刷技術を伝えた長兄のウィリアム・ガンブル（William Dill Gamble, 1830-1886）が、アメリカ長老教会の印刷宣教師として上海美華書館（印刷所）主任となっていることや、次兄が長老教会牧師であることから、彼女が宣教師を志願したのも自然の流れであったと思われる。ガンブルは一八七三年一一月三〇日にO・M・グリーンとともに横浜に着いた。彼女はメアリー、ミス・ヤングマンと同様カロザース夫人の女学校を手伝うことで日本に派遣されたが、カロザース夫人がメアリーだけで十分として二人の応援を断ったため、結果的にメアリーも加わりこの三人で一八七四年一月から新たな女学校（女子寄宿学校、通称B六番女学校）を開くことになった。ところがメアリーが同年五月にタムソンと結婚して同校の校長を辞し、ヤングマンに校長を譲るとガンブルとヤングマンの間で意見の衝突が起こり、ガンブルは同校を去り一時カロザース夫人の女学校の教師となり、その後一八七五年秋にアメリカ長老教会宣教師を辞任し、スコットランド一致長老教会に転籍し、三浦徹が麹町区下六番町に開いた三浦女学校の校長に就いた。しかし、この学校は資金が続かず四年ほどで閉鎖となり、ガンブルも宣教師を辞めて一八八〇年一〇月二〇日にアメリカ経由イギリスに向けて日本を離れた。その後の消息は不明である。

（5）**O・M・グリーン**（Oliver Olsmby Maclean Green, 1845–1882）　ペンシルベニア州カンバーランド郡センタービルで生まれた。幼少時から学業に秀でプリンストン大学を二番で卒業し、プリンストン神学校に進んだが、体調を崩し暖かい南カロライナ州で療養につとめ、現地のコロンビア神学校に転校し一八七二年に卒業した。プリンストン神学校ではミラーおよびインブリーと同級生であった。グリーンは一八七三年一一月三〇日にガンブルとともに横浜に到着したが、彼はアメリカ長老教会のエースとして日本に教派としての長老教会中会を組織する役割が課せられていた。在日長老教会ミッションは一二月三〇日、横浜居留地三九番のヘボン邸で日本長老公会（中会）を設立した。このとき、ヘボン、カロザース、ルーミス、グリーンが賛成し、タムソンとミラーが反対したが、ミラーは決定に従いタムソンだけが超教派主義を堅持し参加しなかった。グリーンはヘボン塾の授業を手伝った後、築地居留地に移りカロザースの主宰する築地大学校教師、東京ユニオン・チャーチ執事、千葉伝道等に従事し、一八七六年四月にカロザースが宣教師を辞任したあと築地六番長老教会（東京第一長老教会を改称）の仮牧師を引き継いだ。しかし、元来遺伝性の持病があって体調を崩し、才能を惜しまれながら一八八〇年七月に帰国し、闘病の末二年後の一八八二年一一月故郷で召天した。まだ三七歳であった。

（6）**新築の家**　築地居留地六番B棟のこと。建築費用は長老教会ニューヨーク婦人伝道局からの献金を充当した。ここでメアリー、ヤングマンおよびガンブルによって女学校（女子寄宿学校）が開かれ、既設の同じ敷地内に隣接するカロザース夫人の女学校と対立することになった。

【編者解説】

この日記が書かれた前日の一二月二五日に東京基督公会の日本人信徒によってクリスマス祝

会が催された。午後三時に東京ユニオン・チャーチに信徒一同が集まり、一時間の礼拝を守り小川義綏長老のルカによる福音書第二章一節から二〇節までの朗読、教会員による祈禱を行い、礼拝後隣家のヤングマンが住む居留地六番B棟に移動し、宣教師と教会員同士イエスの誕生を茶菓で祝い、タムソンの祈禱をもって夜九時に散会した。

このささやかなクリスマス祝会は、日本人教会における最初のクリスマス祝会であったが、後世に伝える人物がいなかったため今日ではほとんど知られていない。日本人教会最初のクリスマスとして巷間に伝えられているのは、一八七四年一二月二五日に築地入船町のカロザースの牧会する東京第一長老教会で催されたとされるクリスマス祝会で、信徒の原胤昭や田村直臣が「日本人教会最初のクリスマス祝会」と懐旧談や伝記に書き残したことから、この祝会が後々まで日本人教会「最初のクリスマス祝会」として語り継がれることになった。しかし、この祝会の出席者などを確認すると、一八七四年ではなく翌年の一八七五年一二月二五日の可能性が高く、いずれにしても日本人教会最初のクリスマス集会は、一八七三年一二月二五日に東京基督公会員によって開催された祝会を嚆矢としなければならない。

一一　築地女子寄宿学校（通称B六番女学校）校長

一八七四年（明治七年）

一月九日（金）

新しい年に改まって初めて日付を書いていると不思議な気持ちが心をとらえる。この年が明けてから、いろいろなことがあったが、書き留めていなかったこともあるのは残念だった。大晦日の夕方は祈禱会で終わった。しかし、その後カロザース氏との激しいやりとりがあり、彼は私たちが別々に学校を開くのは反対だ、あらゆる方法で阻止するつもりだと語気を強めた。(1) 彼はこの件をミッション上層部に訴えて目的が達成できなかったら、ミッションを辞めてやるとさえ私たちに告げた。

このことで私たちはあまり大きな苛立ちには至らなかった。そして恵みの御座では、タムソン氏の熱心な祈りが聞かれ、私たちの必要のために一切が祈り求められて、あらゆる騒動の痕跡は消え失せた。少し前になるが、月曜日の五日に長時間の散歩に出かけ、漆塗りの食卓一式と二つの大きなついたてを購入した。今週は祈禱週間として祈禱会を行った。出席者はごく少ないが、課題について良い方向性が与えられて、よく祈ることができる。これからは私の部屋を客間として使えるのでタムソン氏はしばらく一緒に過ごしている。教会の状況は先行き不透明で最近組織された長老教会中会(2)からどんな想定外のことが起こるか予測することが難しい。

タムソン氏は昨日の朝早く横浜に出かけ、夕方激しい頭痛に悩まされて戻った。また昨日、私の部屋で日本人女性たちが初めて祈禱会をもった。今朝、タムソン氏が散歩するため、いつもの時間の九時に来てくださった。昨日より良くなったが、顔色はまだ蒼白。不当と意地悪な言葉が入り交じった昨日のあの話し合いは乗り越えた。しかし、自分も彼もあの乱暴な言葉を思い出してしまう。「もし、善いことに熱心であるなら、だれがあなたがたに害を加えるでしょう〔ペトロの手紙一第三章一三節〕」。私たちは散歩の途中、海軍の閲兵式に立ち会うために来た天皇と長い行列を見るため散歩を中断して待った。天皇を見ることができたのは一瞬だったが、顔はやせており、決して注意を引きつける青年には見えなかった。平民の何人かはお辞儀をした。しかし多くの人々は天皇が通過したときには直立していた。タムソン氏は今日授業を再開した。私は明日から始めよう。私たちの最初の生徒が一月一五日登校する。彼女の名前はおりんさん(3)である。

一月二一日（水）

タムソン氏は翻訳で忙しいので、今朝の散歩はできないと言いに来られた。

注

（1）カロザース夫人の女学校は長老教会在日ミッションの公認女学校であった。ここにしかも同じ築地居留地六番の敷地内に新たに同種の女学校を開設することは、カロザース夫妻にとって当然認められないことであった。なぜこうした事態になったのかは、第一にカロザース夫人がヤングマンの応援を断ったことに起因している。また、カロザース夫人はフィラデルフィア婦人伝道局から資金援助を受け、一方メアリー、ヤングマンおよびガンブルが新たに開校を計画している女学校は、ニューヨーク婦人伝道局のバックアップによるものという、同じ長老教会内での競争意識が働いていたことも問題を複雑にしていた。加えてガンブルはフィラデルフィア婦人伝道局から派遣されていたので、一層問題が複雑になっていた。この対立は、カロザースが在日ミッションを辞任する一八七六年四月まで続くことになるが、その後この二つの女学校はいくつかの変遷を経て、今日の女子学院となった。

（2）**長老教会中会**　第一〇節注（5）で触れた、一八七三年一二月三〇日に設立された在日長老教会ミッションの中会組織である日本長老公会のことを指している。タムソンは一八七四年一月二〇日付伝道局宛ての書簡で、日本長老公会設立の反対理由として、本国長老教会が規定する政治形態に従えばこの中会は小会（個々の教会）が存在せず違憲であること、また一年前に横浜の日本人教会（横浜基督公会）を設立するに至った超教派主義の精神に逆行するものであることを指摘し、在日ミッションの同僚メンバーと意見を異にしていた。

（3）**おりんさん**　藤井清照の妻里ん。彼女の出自は不詳であるが、当時二〇歳前後であったと思われる。築地女子寄宿学校は入学条件もなく、開校時には少女から年嵩の婦人まで幅広い年齢の生徒が学んでいた。里んは一八七四年八月二日に同級生の納所里うとともに、タムソンから受洗し東京基督公会員となった。一八七七年一一月に納所《のうしょ》里うらとヤングマンが提唱した女学校の互助グループの発起人一〇名の一人となった。このグループはほどなく「好善社」と名づけられ貧困女生徒への支援等を行い、一八九四年にはハンセン病療養施設の慰廃園を東京府下目黒村に開園した。

納所里う（一八五八－一九〇八）　備中国早島の領主戸川家の家臣納所重兵衛・くにの長女で築地本願寺前の戸川屋敷で生まれた。多くの文献に納所家を仙台藩士とするものが見られるが間違いである。里うは築地女子寄宿学校に入学し、メアリーやヤングマンから親しく指導を受けた。一八八〇年一一月一日にタムソンの司式で、東京一致神学校を出たばかりの三浦徹と結婚し牧師夫人となった。東京基督教婦人矯風会の設立発起人の一人となり、禁酒および廃娼運動を広めた。三浦の牧会した両国教会、盛岡下の橋教会で牧師夫人として奉仕生活を送ったが、盛岡時代に肺を患ったため、三浦は温暖の地に移ることを決め一九〇〇年に静岡、二年後に三島へと転居し快復を目指したが、一九〇八年一一月に召天した。葬儀は三島教会でタムソンの司式によって営まれた。弟の納所辨次郎は「うさぎとかめ」などの作曲家として知られている。三浦夫妻の長男太郎は上智大学教授、長女次代は著名な政治家永井柳太郎に嫁し、その二男は民間から文部大臣となった永井道雄である。

【編者解説】

現在の女子学院の源流として、「Ａ六番女学校」および「Ｂ六番女学校」の名称がよく使われるが、最初の使用者が誰かは不明で、ある時期に両校を区別するため便宜上、通称として名づけたもので正式な学校名ではない。在日ミッションでは、前者をPresbyterian Mission Female Seminary, 後者をThe Girls Boarding Schoolと命名していた。日本名のＡ六番とＢ六番の由来は、カロザース夫人ジュリアの女学校が夫妻の住まいである築地居留地六番館Ａ棟で始まり、メアリー、ヤングマンおよびガンブルの始めた女学校が、彼女たちの住む六番館Ｂ

棟であったことによる。しかし、カロザース夫人の女学校は、早くから築地居留地六番の敷地内に建てられた在日ミッションの小会堂（チャペル）に教場を移していたので、「A六番」の通称も事実と異なっている。編者はA六番を「長老教会女学校」、B六番を「築地女子寄宿学校」としている。

なお、この築地女子寄宿学校は多くの書物でヤングマンが創立したとされているが、実際はメアリー、ヤングマンおよびガンブルが共同して開校したもので、校長には長老教会初代来日独身女性宣教師であり、ヤングマンより半年年長であったメアリーが就いている。ただ開校半年後にメアリーはタムソンと結婚したため受け持ちの授業を減らし、一方ガンブルはヤングマンと仲違いしてカロザース夫人の長老教会女学校に移ったため、その後はヤングマンが中心となって運営したことから、「ヤングマン創立説」が通説になってしまった。メアリーおよびガンブルの名誉のためにも、ここで訂正しておきたい。

一二　タムソンと結婚

一八七四年（明治七年）

三月二日（月）

二月があっという間に過ぎたが、特に書くに値するものはなかったの？　いや、そのことを書く時間はたっぷりあったと思っていた。横浜で五、六日過ごしたことでさまざまなことがあった。そしてブラウン博士[1]の家族とラウダー夫人[2]が、親切にも私の結婚式のドレスを作る相談に乗り、手伝ってくださった。それから特筆すべきはミラー夫妻に家具について大変お世話になった。ミセス・プラインの立派なプレゼントは彼女の心からの厚意を表していた。しかし、もっと近くで私の幸せに関係するものは、地上での最も高価な宝物が私にとってさらに大切なものになるということだ。そして結婚式のときが近づくにつれ、以前と違って、後に延期したい気持ちはなくなった。ああ、彼の高貴な愛に相応しい者になれるよう祈らずにはいられない。

昨日は聖餐式安息日だった。そして日本人教会〔東京基督公会〕に三人の入会が承認された。

アサイナ〔朝比奈六郎〕がその中に入っていた。先月の聖餐式では六人が入会した。今日ミス・ヤングマンとまたつらい話をした。あのような議論に加わったのは後にも先にもあれ〔一月九日カロザース氏が問題提起した二つの女子寄宿学校が別々に運営されていることから統合される不安があったこと〕が最後だと私は思っていた。この学校が将来どのように進展していくか私にはわからないが、これが本当に最後だと心から願う。神様、私たちは皆弱さと罪のうちにありますが、私たちの心と舌を清めてください。そしてまた、私たちをますます聖なる御子に似た者とならせてください。そうしたら私たちが腹を立てる必要もなくなるでしょう。今月のタムソン氏の学校はいくつかの修正を加えて今日から開校した。私は学校にとどまり、一時間だけ会話と文法を教える。

三月九日（月）

タムソン氏は六日に横浜に発ち、〔七日〕土曜日に戻られたが、私たちと同行してマレー教授(3)のお宅に伺う時間に間に合った。そして、そこでとても楽しく午後を過ごした。ブラウン夫人が美しく仕上がった私のドレスをタムソン氏に託して送ってくださった。(4)ミセス・ラウダーからタムソン氏への贈り物は贈り主の思いやりと素敵な趣味が込められていた。私は彼女の思いがけない親切心をすぐ忘れることがないようにしよう。

郵便物が五日どっさり届いた。ニュース、ほとんどが良い知らせだ。父がピッツバーグに出かけ、贈り物のボックスを送ってくれたからそのうちに届くだろう。レベッカはとても親切で明るくしているけど、私のためにいろいろやってくれてかなり疲れていないか心配だ。これからは家族にあのようなお願いをしないつもりだ。（昨日、私は）夕方女の子たちと過ごし、イエスについて話した。私の部屋での集会に一七人集まった、その中に洗濯女もいた。小川〔義綏〕が彼女たちに話をした。歌を歌って、他の人たちが皆帰ってしまった後、優しいおキヨさんに祈りを導いてくれませんかとお願いした。彼女はついに口を開いて次の安息日にやらせてくださいと言った。

三月一四日（土）

この家で少女たちを監督する女性が見つかった。彼女の名前はおあいさん。そして彼女の魂にも配慮しよう。おりんさんは今日私と一緒にタムソン氏の洗礼志願者を教育するためのクラスに出席した。彼らはとても思いやり深く、何事にも感謝する人たちのようだ。そして、彼女たちの心の中ですでに良い業がはじまっているようにと願う。後の日に人々は恵みの言葉を聞くために群れをなして集まるであろう、そしてその喜びの日は近い。主よ、そのときが来たら速やかに行ってください。良き主に忠実に、立派に仕えている限り、カロザース氏の言動と海外伝道局との対立のことは、私はあまり心配しない。主は、私たちを完全な平安の内に守ることがおできになるし、そして、私は日々に主の心地よい平安が心に訪れると信じている。

六月二一日（安息日）

前回の日記を書いてから長い間が空いてしまった。忙しい仕事と結婚準備の日々、考えごとの多い日々は終わった。私たちの結婚式が執り行われた(5)。結婚に際して休養、気分転換、私たちに示された思いやりの数々は、私たちの思い出の中に留められ、しばしば喜びと感謝の念をもって振り返ることだろう。私たちは自分たちの小さな住まいに落ち着いた(6)。そして仕事が着々と順調に進むので、五月七日以来というより、ここにずっと住んでいたようにも思える。共に愛し、労苦する、いとしい、敬愛する夫のそばにいる、そのような日々は純粋に喜びの陽光でいっぱいだ。故国を発ってから、私にはすべてわかっているが、神はとても優しくしてくださった。今日は、聖なる安息日。ほとんど一日中雨が降り続いた。それで今は私たちの小さな住まいの壁に囲まれた場所、聖域で独りになる時間ができ、初めて日記の書き込みをしているところ。この場所で私たちは神に祈る。神がいつも私たちとお住まいになり、私たちを祝福してくださるように。

六月二六日（金）

今月はとても気が滅入るような雨が続いているが、今日も雨。私の先生〔竹村耕靄〕は来なかった。自由主義と信条について話し合う予定だった。

六月三〇日（火）

ここ二、三日気分がすぐれなかった。デビッド(7)が優しいので慰められる。彼は今晩、希望者数人の集まりに乞われて出かけて行って説教の組み立てと説教のやり方を教えた。

七月四日（土）

今日故国では祭日〔独立記念日〕であるが、わが家では何もお祝いしなかった。午前中、明日開かれる安息日学校のバイブルクラスの準備をした。

七月七日（火）

今日、デビッドと小川は乞われて説教するため初めての場所に行った。その男性は、自分の当番だったので、仏教の僧侶を家に招いて説法させないで、キリスト教徒を代わりに招いた。そこにはおよそ一〇〇人が出席していた。デビッドはパウロがアテネ人に行った説教を語った。この男性には小さな娘がいて、昨日私がその子に教理問答集をあげて、いつも安息日に来なさいね、そして私の前で復唱してちょうだいねと手はずを整えていた。

七月九日（木）

今日バラ氏、タルマージ氏(8)とその家族が訪ねて来た。彼らに明日正餐をご一緒するようお招きしている。ミラー氏から愉快な、キビキビした文体の手紙をもらった。彼らと一緒に田舎に出かけ、私たちだけで秘密の休暇を数週間過ごそうとの誘いの手紙だった。そしてもし天皇の耳に入ったら一緒に同行したいと思うだろうから、常に夜会服の必要があるとも書いてあった。ミラー夫妻の社交界はきっと愉快な仲間の集まりだと思うが、私たちは行けそうもないと思う(9)。——私たちの三か月分の給与が送られてきた。今期末でプラスマイナスの帳尻が合ってほしいと願う。

七月一一日（土）

午後、大変おいしい梅ジャムを少し作った。初めての家事で、明らかに主婦になった気分になった。著名な神道神主が政府の命を受けて、宗教のことについて話す名目で小川の家にやって来た。しかし、イエス・キリストの宗教を聞くためというより、自説を伝えるために他に何人かのインテリ風の男たち、友人も来て同席した。デビッドは二時から四時まで一緒だった。次にユニオン・チャーチの教会総会がデビッドの出席を求めた。それからハミルトン教授(10)、またデビソン夫妻(11)の訪問があった。私はソーパー夫人(12)と生まれて四日目の赤ちゃんの様子を見るためちょっと伺った。家に帰ると、グリフィス氏(13)の訪問があった。彼はデビッドに五冊の立派な本をプレゼントした。ヴィーダー博士が〔ユニオン・チャーチの〕牧師に再選、デビッドは書記に、マッカーティ、フォールズ(14)両博士は長老に選出など。バラ氏から手紙があり、一四日に〔教会の〕合同問題(15)を協議するための会議が開催されるとの内容であった。

七月一二日（安息日）

朝方、ミス・ヤングマン宅の安息日学校に何人かの小さな子どもたちがやって来て、そのうちの三人は背中に赤ちゃんをおんぶしていた。私のクラスは新人二人が加わり、大変興味深い。もっと日本語を勉強してクラスのためなお一層祈ろうと決心した。日本語礼拝の後、私のクラスの賢い少女が教えてもらうのでよろしくお願いしますと花をプレゼントしてくれた。私の先生とおやすさんも出席していた。私は彼女たちに人間の創造と堕落について教えた。少女は理解できたと言い、家に帰ったらお母さんに教えてあげると言った。その子の父もそこに居合わせ、デビッドと小川にまた家に来て話してくださいと頼むと、少女は私が今一緒に行くことを強くおねだりした。多くの出席者が、前回自分たちが語ったことは真理だと言い出し、そのことで言い争いが起こった。ちょうどパウロの伝道活動のときと同じように。この事態には私たちの祈りが必要だ。

七月一三日（月）

タルマージ博士が夕食に来訪。中国に人力車を持ち帰るためデビッドと連れだって買い物に出かけた。ダンさんが人力車の車夫たちに奨励をする手はずを整えている。デビッドは長いことそのような機会が来るのを願っていた。「このようなことは主のなさること、私たちの目には奇跡のように見えます」。デビソン氏が会衆に声楽曲を教えてあげましょうかと申し出ている。

七月一四日（火）

デビッドは一日中横浜。〔教会の〕合同問題について相談するため午後に会議。ブラウン博士、D・C・グリーン氏、H・フォールズ医学博士、ヘボン博士が基本文書を固めるための委員に任命された。

七月一五日（水）

ヴィーダー博士の訪問があった。任地を離れて休暇を取ろうと考えている者がパスの許可をもらうのが難しくなりそうだ。(16) 祈禱会後、海岸通りにやって来たところで盆踊りの一行に出会った。ほどなくフォールズ博士夫妻とデビソン氏もわれわれに加わった。一方デビッドは礼儀正しい群衆の集会で、真の神とより良い道について説いていた。彼らは砂の盛り土、祭壇に線香を立てる手を休めて聞き入った。

七月一六日（木）

今日小川の説教所で、小川がいかにして真の神が礼拝されるべきかを話したときのこと、老人たちが慌てて数珠（仏教徒の祈禱ビーズ）を袖、あるいは懐の中に隠した。デビッドは今日「日本語文法のメモ」「日本語語彙論」それに「日本語説教の解説」のため三冊の専用ノートを作った。

七月一八日（土）
デビッドは体調がすぐれない。父に〔デビッドと〕連名で手紙を書いた。

七月一九日（安息日）
デビッドは自分の具合が悪いにもかかわらず、今まで聞いたこともないほど力強く説教したと思った。礼拝堂は満員だった。

七月二二日（水）
おキヨさんの母と祖父が訪ねてきた。彼女は洗礼を志願しているが、年老いた祖父のほうはれっきとした仏教徒、いつ死んでもおかしくない、今となっては宗旨を変えたくないと自分で言っている。デビッドと小川は二人と長時間話した。悲しいことだが、老人は罪の闇の中で死にたいときっぱり決めている。ビンガム夫妻(17)が訪ねて来られた。彼らは私たちをとても親しく扱ってくださり、彼らをしばしば訪ねて食事をご一緒しましょうと言ってくださる。祈禱会の後〔デ

ビンガム駐日アメリカ公使
（アメリカ長老教会歴史協会所蔵）

ビッドと〕甘い楽しかった過去を思い出しながら浜辺を散歩した。しかし今の愛の深さ、喜びとは比較することができない。

七月二三日（木）

ハミルトン教授がお茶に訪ねて来られた。彼は、何人かの支援者の一人になり、一人か二人の日本人伝道者を援助し、そのために毎月五ドル献げる決心をした。最近デビッドの夕方のクラスはダイニングルームで実施している。私は彼のそばに座り、編み物をしながら彼らの話を聞いている。夕方、デビッドは授業の最中にヘボン博士から手紙を受け取った、中には〔教会の〕合同に関する委員会の決議が入っていた。

八月一日（土）

昨日私たちの学校〔築地女子寄宿学校〕は一か月間休みになった。そしてこの暑い夏の期間、午後のお休みには心底から感謝したい。興味あるいくつかの事柄を書き留めよう。おりん〔藤井里ん〕とおりう〔納所里う〕は二度顔を出し〔受洗の準備のための〕授業を受け、試験を受けた。デビッドは彼女たちの意気込みと知識にとても喜んでいる。二人とも明日洗礼を受けることになっている。

私たちは火曜日夕方、ミラー夫妻と王子(18)に出かけた。月明かりの中、美しい景色や滝を見ながら歩き、楽しいひとときだった。その晩は、そこで泊まった。布団二枚敷いたけどソフトなベッドにはならなかった。だが、蚤と蚊がほとんどいないので助かった。翌朝、心ゆくまでシダを摘んだ後、家に戻った。一方ミラー夫妻は日光に向かった。ビンガム氏はデビッドが在日アメリカ公使館の通訳になってほしいと思っておられる。デビッドは受諾するのがいいと思っていて、横浜在住の同僚宣教師たちの気持ちを確かめるため手紙を書いた。一日中、雨。手紙を書いた後、のんびりといくつかの仕事をこなした。

八月二日（安息日）

おりんとおりうが今日受洗した。そして二人とも神を信じ、愛していると私は固く確信している。彼女らの涙、喜びと感謝の表情が深く私の心をとらえた。

注

（1）**ブラウン博士**（Samuel Robbins Brown, 1810-1880）　コネチカット州イーストウィンザーの塗装工の家に生まれ、信仰心篤い母の影響を受け苦学してイェール大学およびニューヨーク市のユニオン神学校を卒業した。声楽や楽器演奏等音楽の才能があり女学校等でアルバイトをして学費を得た。神学校を出て聾唖学校教師をしていた一八三八年にマカオのモリソン記念学校の校長に推薦され、牧師の娘のエリザベス・バートレットと結婚式を挙げて任地に向かった。一八四六年妻の健康悪化のため中国人留学生三人を伴って帰国した。彼らは後に駐米公使、領事および外科医になった。その後ニューヨーク州オワスコレットで寄宿学校を経営し、同時に同地のサンドビーチ改革教会牧師を務めた。教会にはのちに日本に宣教師となってやってくるフルベッキ、ミス・アドリアンス、ミス・キダー（ミラー夫人）およびミス・マニヨン（フルベッキ夫人）たちが集まってきた。一八五九年五月、アメリカ・オランダ改革教会宣教師としてシモンズ、フルベッキらの家族とともに日本に向かった。横浜で日本語研究、聖書翻訳、ユニオン・チャーチ創立、横浜英学所教師を務めたが、一八六七年に自宅が全焼したため失意のもと帰国した。一八六九年に再来日し、新潟英学校、横浜修文館で教え、一八七三年に横浜山手二一一番の自宅で英学塾を開いた。やがて横浜基督公会の信徒たちが入塾し神学研究が中心となり、一八七七年に築地居留地に東京一致神学校が開校すると合同し発展的解消をした。新約聖書翻訳委員会委員長として聖書翻訳に携わったが、一八七九年病を得て帰国し翌年マサチューセッツ州モンソンで召天した。

（2）**ラウダー夫人（Julia Maria Lowder, 1840–1919）** S・R・ブラウンとエリザベス夫妻の長女で、駐日イギリス領事のジョン・フレデリック・ラウダー（John Frederic Lowder, 1843–1902）と一八六二年九月に横浜で結婚した。ラウダーは初代駐日イギリス公使オールコックの義理の息子で、のちに弁護士、大蔵省お雇い、在日実業家の重鎮として活躍した。一九〇二年に亡くなり横浜外国人墓地に埋葬された。

（3）**マレー教授（David Murray, 1830–1905）** モルレーとも呼ばれる。ニューヨーク州ボバイナに生まれ、州都オルバニーのユニオン・カレッジを卒業し、オルバニー・アカデミーの教師そして校長となった。一八六三年にラトガース・カレッジの教授に招かれ数学、天文学を講じた。維新後多くの日本人留学生の指導を行った。教え子で開成学校初代校長となった畠山義成の推薦で、一八七三年六月に明治政府の招聘を受け学校督務兼開成学校教頭として妻のマーサ（Martha Neilson, 1833–1929）とともに来日し、翌年に学監となり政府の教育行政に対し数々の建策を行った。来日前にはニューブランズウィック第二改革教会の長老を務め、信仰篤い信徒であった。一八七八年一二月文部省との契約満期となり翌年一月帰国し、のちニューヨーク州の中等・高等教育機関の事務局長を務めた。

（4）S・R・ブラウン夫人のエリザベスは来日の際、ミシンを持参し在日外国人および日本人女性に洋裁を教えていた。

（5）タムソンとメアリーの結婚式はいつの日であったか。ヘボンは五月二一日付海外伝道局宛ての書簡で「タムソン氏は一二日に結婚しました」と報告している。一方、メアリーが海外伝道局へ提出した履歴書には日記と同じ一八七四年五月七日と記載されているので、五月七日が正しいと思われる。東京ユニオン・チャーチの礼拝堂で挙式が行われ、奏楽をフルベッキが担当しリードオルガンを弾いていたことが、グリフィスの『タムソン小伝』で知ることができる。その他司式者や参列者の顔ぶれは不明である。おそらく当日は東京基督公会員をはじめ宣教師仲間その他教え子や築地女子寄宿学校の生徒たちが出席し、讃美歌を歌い二人の門出を祝福したと思われる。

（6）外国人登録簿（Japan Directory）の一八七四年版にはタムソンの記載はなく、一八七五年版には築地雑居地の南小田原町三丁目九番地に名前が載っている。この住所には外国人用の西洋長屋があったので、ここに借家したものと思われる。

（7）**デビッド**　日記ではこれまで「タムソン氏」と書かれていたが、結婚を機にファースト・ネームの「デビッド」に呼び名が変わった。

（8）**タルマージ（John V. N. Talmadge, 1819-1892）**　アメリカ・オランダ改革教会の在中国宣教師で厦門《アモイ》を中心に伝道していた。

（9）ミラーの父親は上級土木技師で、ペンシルベニア鉄道会社重役を務め資産家であった。したがってミラーは富裕層との交際は厭わなかった。一方、タムソンもメアリーもこうした社会層との社交は好まなかった。

（10）**ハミルトン教授**（George Hamilton）　工部省のお雇い教師。J・H・バラの縁戚でもありタムソン夫妻を応援し、東京基督公会が新栄橋たもとに新会堂を建設する際には多額の献金をした。

（11）**デビソン夫妻**（John Carroll Davison, 1843–1928 & Mary Elizabeth Stout Davison, 1850–1915）　アメリカ・メソジスト監督教会宣教師として一八七三年に来日。主に長崎で伝道に従事し、横浜、東京、熊本で長老司を務め、沖縄にも伝道した。海外伝道局へのタムソンの報告書（『タムソン書簡集』中島耕二編、日本基督教団新栄教会タムソン書簡集編集委員会訳、教文館、二〇二二年参照）ではあまり触れていない他教派の宣教師との親密な交流の実態が、メアリーの日記によって知ることができる。

（12）**ソーパー夫人**（Mary Frances Soper, 1849–1927）　アメリカ・メソジスト監督教会宣教師ソーパー（Julius Soper, 1845–1937）の妻で、J・C・デビソンの妹。デビソン夫妻とソーパー夫妻は一八七三年に同じ船で来日した。ソーパー夫人は一八七四年七月七日に女児を出産したが、翌年九月に亡くしている。その後四人の子を得たが二人は早世した。ソーパーは東京、横浜、函館で伝道し、津田仙をはじめ来日一〇年間に四〇〇人以上に洗礼を授けたと言われている。築地美以教会（現・銀座教会）、九段教会および青山教会の設立に尽力し、一九〇一年から八年間青山学院神学部長を務めた。一九一四年に帰国し、カリフォルニア州グレンデールに住み在米日本人信徒を指導した。

（13）**グリフィス**（William Elliot Griffis, 1843–1928）　フィラデルフィアで生まれ、一八六九年にラトガース大学を卒業し、翌年フルベッキの仲介により母校の推薦を受け、福井藩立明新館の化学、物理の教師として来日した。廃藩置県に伴い一八七二年に南校（開成学校）に移り、化学を教え一八七四年に帰国した。帰国後ニューヨークのユニオン神学校に学び、按手礼を得て各地の改革教会で牧師として奉仕し、一九〇三年に退職し執筆に専念した。『皇国』『フルベッキ伝』『ヘボン伝』および『ブラウン伝』等を著した。当時の知日派の第一人者であった。ニュージャージー州立ラトガース大学アレキサンダー図書館に、「グリフィス・コレクション」として日本に関する膨大な資料が所蔵されている。

(14)　**フォールズ（Henry Faulds, 1843-1930）**　グラスゴー大学アンダーソン医科大学部を卒業し、一八七四年五月にスコットランド一致長老教会宣教医師として夫人（Faulds, Isabella Wilson）とともに来日し、築地居留地一八番に住んだ。翌年南小田原町三丁目一〇番に築地病院（一名健康社）を開業し、貧者には無償で医療奉仕を行った。翌年南小田原町四丁目八番に病棟を建て入院患者用ベッドも備え、本格的西洋医学の病院とした。またキリスト教に基づいた盲人教育に努力し津田仙、岸田吟香、中村正直（敬宇）らと楽善会を組織し、一八八〇年の訓盲院（現・筑波大学付属盲学校）の開院へとつなげた。点字による聖書の普及にも努めた。大森貝塚の土器に残された指紋にヒントを得て、個人の識別に指紋が有効とする論文を『ネイチャー』誌（一八八〇年）に発表した。のちに日本の警察で捜査に指紋鑑別法が採用されるきっかけとなった。新栄教会信徒で医師の櫛部漸や佐野諒元らに医術指導をした。一八八六年に帰国しロンドンで医院を開いた。

(15)　**合同問題**　この時期、阪神地区においてもアメリカン・ボードのD・C・グリーンによって、一八七四年四月に摂津第一基督公会（現・神戸教会）、五月にはM・L・ゴードン（Marquis L. Gordon, 1843-1900）による梅本町公会（現・大阪教会）が設立され、超教派主義に基づく横浜基督公会および東京基督公会と連携し、京浜阪神四公会の合同教会設立の話し合いが行われていた。

(16)　東京の開市場に合わせ、明治三年閏一〇月一二日（一八七〇年一二月四日）太政官から「東京在留外国人遊歩期程」の布達が行われ、東は新利根川口、東北は金町、千住大橋、西北は戸田、川越、西は日野の渡、玉川口までと移動範囲が決められていた。学問研究および療養目的の場合は範囲を越えて移動許可が下りたが、都度内地旅行免状（パス）の申請が必要とされた（太政類典草稿・第一編・慶應三年～明治四年・第六三巻、国立公文書館所蔵）。

(17)　**ビンガム夫妻（John Armor Bingham, 1815-1900 & Amanda Bingham, 1825-1891）**　ビンガムはアメリカ駐日公使（現在の大使）を一二年間（一八七三―一八八五）務めたが、この在職期間はいまだに歴代最長である。オハイオ州選出下院議員となり、奴隷解放および人権の保障の立法に尽力した有力政治家として著名であった。リンカーン大統領にも多くの建策を行った。駐日公使時代には日本との不平等条約に関し、ヨーロッパ列強を意識しつつ国益を踏まえながらも、いち早く関税自主権回復の改正案を明治政府に提案するなど国際的視野に立つ外交を展開した。彼はタムソンが日本で苦境にあったとき、故郷におけるタムソンの祖父や父親との聖徒の交わり、フランクリン大学の先輩としての縁により、タムソンをアメリカ公使館の通訳・翻訳官として迎え入れ、精神的、経済的援助を与え若き伝道者に協力を惜しまなかった。アメリカ公使館はタムソン夫妻の住まいと目と鼻の先の築地居留地一、二、三、二一および二二番にあった。

(18) 王子　江戸時代から王子には王子稲荷や飛鳥山があることから、行楽地として賑わっていた。滝野川(石神井川)には王子七滝と呼ばれる渓谷の滝があり、秋の紅葉など景勝の地として知られ、広重により錦絵が多く描かれている。現在は滝一つが残り「名主《なぬし》の滝公園」として整備されている。

【編者解説】

メアリーとタムソンの結婚に際しては、アメリカ・オランダ改革教会の宣教師であるブラウン、フルベッキおよびミラーたちやプライン夫人からの祝福が日記に記録されているが、二人が所属する長老教会の同僚宣教師たちについてはまったく言及がない。これは当時タムソンが超教派主義を支持して、教派主義を採る長老教会のヘボンやカロザースと意見の衝突を来たしていたことによるものと思われる。

一三　東京基督公会を巡る出来事

一八七四年（明治七年）

八月三日（月）

ミス・ガンブルはデビッドのアメリカ公使館通訳官就任を、長老教会在横浜ミッションが承認しない旨通知する手紙を持ち帰った。

八月七日（金）

結婚して今日で三か月が経った。そして、私の愛がどんなに深まったか、言葉にするのも不可能だ。島〔亘〕[1]が戻って来た。彼は人々に真理を教える努力をしていたことについて話した。初めはたくさんの人が来るが、徐々に数が少なくなった。彼の父親と母親は信じたい気持ちはあるが、まだ真の神に祈らない。祖母が言うには、偶像がなくなったら、家が暗くなってしまうと。他の老婦人は何か見える対象物がないと祈れそうもないと言った。いくつかの買い物をした中で、デビッドの着物生地を買った。

八月二二日（土）

エリンウッド博士夫妻が汽船で到着された。（私は）二日間ほとんど病気だった。

八月二三日（安息日）

早く回復するよう日本人礼拝を休んで家にいた。穏やかな晴れた日、このような日には天と地が一つとなり、あまねく平和が天地にみなぎることを想像するのも容易だ。

八月二五日（火）

デビッドは老婦人、横浜基督公会員の葬儀に出かけた。(2) だから私は一日中家に独りきり。もらった手紙に返事を書いていないという悲しむべき借金があるので、この日はいくらかでも返済することにしよう。奥野（昌綱）が訪ねてきた。彼の娘さんが亡くなられたこと、そして亡くなったとき信じていたのはせめてもの慰めだった、と私たちに語られた。

八月二九日（土）

今日、〔横浜で教会の〕合同について協議するためのミッション会議を開いた。エリンウッド博士も参加された。午前中、デビッドの予想に反して、何もかも彼の思った通りの展開となった。デビッドが戻ってからの報告で「私は静かに座して主の救援を目撃した」と言っていた。

九月二日（水）

昨日、私たちの学校は休暇が明け、仕事もフル回転した。私は学校とミス・ヤングマン宅で日本語の学びと授業を行った。日本語に慣れて早くみんなと仲良くしたい願望がとても強い。私の〔日本語の〕先生〔竹村耕靄〕は午前いっぱい一緒にいて、午後には女子生徒と授業に出る。これは私にとって大きな助けとなるだろう。私にとって、彼女たちの魂はとても大切なものだ。

九月五日（土）

ミス・ガンブルと連れだって病院に水野〔石夫〕(3)を見舞った。昼食は上野にある遊園地の人けのない茶屋でいただいた。小さな男の子がどこまでも私たちについてきて、食べている間中立って、私たちのことをじっと見つめていた。ついに私たちが食べ物を少しあげると、好奇心が完全に満たされたようですぐに姿を消してしまった。この後、ミス・ガンブルは家に戻り、私たちは家庭訪問してこの日を過ごした。

九月七日（安息日）

今日、フルベッキ夫妻から美しい、高価な結婚のお祝いをいただいて、とてもびっくりした。それは有名な水彩画を模した五枚の木版画、美しいガラス製花台、二冊の詩集、リボンとベルベットの蝶ネクタイと半ダースの受け皿付きの茶碗、美しい色彩の陶磁器のシュガーボウルとクリームピッチャーなどだった。今日も郵便物が届き、家族からの良い知らせがあった。しかし、道徳と物質社会の災難が起こったと伝える新聞が入っていた。ビーチャーの裁判(4)が継続している。父が家族に送った新聞と封筒の中にいくらか押し花を入れて送ってきた。これは彼らの手で作った押し花だ。

九月八日（火）

小さな屋形船で川上りをして、あの生涯の約束をしてから今日で一年経った。今日、何人かの宣教師が中国に向かう途中にわが家に立ち寄った。ミセス・クロセット（Crosett）、ミス・セラーズ（Cellars）、そしてショー夫妻(5)。ミセス・クロセットはシュロム（Shrom）夫妻から私に手紙と写真を預かってきた。自分の友人たちをよく知っている人々と再会して不思議な感動と喜びを覚えた。そして、ショー氏について言えば、その感動はさらに大きかった。彼は私たちの記憶が偶然にも一致していることに気がついた。ちょうど二年前の今日、私たちは彼の叔父さんの馬車に乗って一緒にサバンナに入り、そのとき道中で交わした私たちの会話を覚えていた。この年の同じ日に私の自宅にショー氏を迎え入れて、その当時は名前さえ知らなかった夫に紹介するとは。忘れたくない感動の一日！

九月九日（水）

多すぎる訪問客、多すぎる中断、たくさんのもてなし。ミス・ガンブルのお宅でショー夫妻とリーマン氏(6)と一緒にお茶をごちそうになった。私たちが祈禱会に着いたのはちょうど頌栄（日本の教会では式の最後で歌う）を歌う前だった。

九月一〇日（木）

私の先生〔竹村耕靄〕と有意義な朝を過ごした。中断するものなし。日々はとても充実している。もう一人の男の子が私に教わりたいと言っている。デビッドは、イエス・キリストの宗教について聞きたいと願っている司法省の役人と面会するため出かけた。三人の男性が生徒の受け入れについて相談するためデビッドを訪ねてきた。

九月一二日（土）

今日、われわれ宣教師はピクニックに出かけ、楽しいひとときだった。一行は四人から八人乗れる馬車（馬の引く車）六台に分乗して、パーム博士(7)宅を出発した。長い時間馬車に揺られて、狭い橋を渡るときは車から降り、丘を上ったり下りたりして、われわれ一行は土地のことをよく知っている人たちが選んだ快適な場所に落ち着いた。そこは古いお寺が建っているそばで、新緑の芝生とうれしい木陰があった。間もなくテーブルクロスが広げられ、たっぷりの食事が並べられた。そして防水を施した馬車の座席を取り外して円陣を組んで芝生の上に並べた。私たちは立ち上がり、恩寵あふれる神に食前の感謝の歌をうたい、そして食べ物をいただいた。全員がお腹いっぱい食べ、誰もが堪能したことだろう。一方、私たちの集まりと同じくらいの男性、女性、子どもの一団が立ち止まって私たちをじっと見つめていた。私たちが立ち去る前に、彼らは自分たちのほうが勝ったと認めた。ある一人の婦人が紙にまるめた鴨肉の残りを手に持っていたが、優しいまなざしを私に向けて立ち去った。

九月一三日（安息日）

今日、台風が猛威を振るった。今、雨は止んでいるが、風は小康状態になった。疑いもなく、明日は日光と澄んだ空気の良い天気になるであろう。何人かの日本人信者はとても遠い所に住んでいたが、この激しい嵐の中礼拝にやって来た。

九月一五日（火）

アサイナ〔朝比奈六郎〕(8)もまた私たちを去り、中村の学校〔中村正直の同人社〕に行くことに決めた。松平〔忠孝〕は家に帰ってしまい、近く結婚する予定だ。私が初めて、そして一番長く教えた子どもたちがここを去り、学校を変えようと決めた。私の先生は私にとって本物の宝物に見えてくる。彼女にもいつ何かの変化が起こり去って行ってしまうのだろうか。

九月一八日（金）

デビッドは午後から浅草近くの説教所に出かけた。二〇人から二五人の熱心な人々が聴くために集まっているのを見てうれしくなった。カロザース氏がデビッドに彼の学校[9]で教えてほしいと打診している。

九月一九日（土）

明日は日本人教会〔東京基督公会〕の創立一周年記念だ。それで今日は、感謝会はもちろん、案件処理のため会議〔第一回総会〕を開いた。バラ氏、D・C・グリーン氏と横浜基督公会のクリスチャンたち若干名がやって来た。会議は午前一〇時に開始。デビッドが聖書を朗読、解き明かし、一年間の報告と一同が受けた神の恵みに対して感謝すべき多くの理由について述べた。次に彼は献げ物を献げ、その間に多くの人々からたくさんの応答がなされた。デビッドの後に小川〔義綏〕が話し、教会の教勢といくつかの統計データについて話した。教会は昨年八人の会員で創立され、現在教会員は三五人である[10]。彼は、またそれぞれ別の説教所と出席する会員数のことも話した。彼の後に執事の高橋〔亨〕の報告が続いた。D・C・グリーン氏が、それから神戸の活動報告を行い、次に、奥野が横浜基督公会の活動と現況を発表した。奥野の祈禱が終わったところで散会し、私たちの家に移動。高橋が皆のために定番の「お弁当」を用意した。婦人たちは私たちの家で食べ、男性たちは小川宅で食べた。再び教会に集まり、すべての必要な議題を処理し、解散した。それから全員がミス・ガンブル宅に行って、彼女が皆のために用意した茶菓子をいただき一緒に一時間の交わりを楽しんだ。彼らはたくさんのありがとう、さようならを交わしてわが家に帰った。彼らのことを考えるとき、私たちは神の恵みがなさる業に喜ぶ。バラ氏が私たちと一緒に家まで来てくれてしばらく過ごした。彼は箱根など巡回伝道に行ったときの話をしてくれた。それは彼の妻のために準備したものだった。そしてその話は本当にすばらしい、感動的なものだった。

九月二〇日（安息日）

デビッドの部屋は今朝クラスの生徒でいっぱいだった。ソーパー氏が〔ユニオン・チャーチの礼拝で〕外国人に説教した。〔午後の礼拝で〕小川とデビッドは満室の日本人たちに話した。私の安息日学校の学科はとても有意義だった。(11)

九月二一日（月）

今日はデビッドの誕生日。彼は三七歳〔実際は三九歳〕、そして私には自分自身以外何も与えてあげるものがない。もし、できるものなら自身を一〇〇パーセント捧げたいのだが。寝室の配置換えをした。夕方、クーパー（Cooper）氏とミス・ガンブルを交えて、パーム博士夫妻とお茶をいただいた。デビッドのクラスが終わった。それでは、日記よ、今日はこれでお休みなさい。愛するあの方が私に御用のあるときは怠けても責めないでくださいね。

九月二二日（火）

パイパー氏[12]宅でファイソン夫妻[13]を交えてお茶をいただいた。一緒に楽しい夕方を過ごし、最後にお祈りをした。この交わりは、これからイギリス国教会の人たちのことをもっと愛をもって考えられるようになった点でよかった。

九月二三日（水）

雨、そして、私は学校に行かなかった。少し体調も良くなかった。人力車で遠くの果物市場まで行った。籠《かご》いっぱいぶどうを買った。食べるのが楽しみ。〔本国から〕郵便物が届きレベッカからの手紙があった。

九月二六日（土）

午前中、多くの時間を割いて先生と日本語聖書を読んで過ごし、とても楽しい、有意義な時間だった。午後フォールズ博士宅で夕食とお茶をいただいた。そして家庭的雰囲気、昔ながらのホッとできる雰囲気に私は触れた。神は故国を離れたときにお別れしたと思った楽しみを完全には否定されていなかった。開かれつつある、明るい未来ある伝道地、それにこのような何気ない喜びもある！

注

（1）**島亘（菊池武信）**（一八五七―一九二二）筑後国柳川藩士の子として生まれ、維新後藩給費生として東京に遊学し、ほどなく横浜に移りS・R・ブラウンおよびJ・H・バラから英語を学び、一八七三年五月四日、横浜で植村正久、福澤きよとともにバラから受洗し横浜基督公会の信徒となった。同年一一月に上京し東京基督公会に転会しタムソン夫妻から聖書およびオルガンを学び、一八七七年一〇月に教職者を目指し東京一致神学校の開校とともに入学した。日曜学校運動に努力し、在学中に故郷の柳川で熱心に伝道を行い柳川教会の創立に尽力したが、神学校を中退し音楽取調掛（のちの東京音楽学校）の教師となった。その後警視庁警部、三池炭鉱社員、沖縄県師範学校教師、福岡県中学修猷館教師を歴任し、晩年は東京に移り品川教会（現・大井町教会）に所属した。一八八四年に菊池武信と復姓した。教職者にはならなかったが生涯信仰に生きた。

（2）老婦人とは、横浜基督公会員の伊藤庭竹のこと。東京基督公会員で陸軍軍医監の長瀬時衡夫人きやうの母で、一八七四年八月二四日に神田小川町の息子伊藤定右衛門宅で亡くなり、生前キリスト教による葬儀を遺言していたことから定右衛門は翌二五日にタムソンに司式を依頼し、フォールズおよび奥野昌綱、小川義綏ほか日本人信徒四名が立ち会って、キリスト教による葬式を行った。東京基督公会の八月二四日付日誌に次のような記録がある。

横浜ヨリ奥野長老来ラレ小川氏ト共ニ長瀬妻君ノ老母ヲ見舞ハル同日十二時就眠翌日タムソン師ホール師外ニ兄弟六名ニテ万事キリスト信徒ノ礼ニ従ヒ葬式ヲ営ミ谷中天王寺ニ葬ラレシト云フ之レ恐ラクハ東京ニ於テキリスト教主義葬式ノ嚆矢ナラン

のちにこのキリスト教式葬儀が法令違反の罪に問われ、奥野と小川が裁判所に出頭を命じられ一時拘束される事態となり、タムソンを巻き込んだキリスト教界を揺るがす一大事件となった。

（3）**水野石夫（?－一八七五）**　父の水野忠央は紀州藩付き家老で、大老井伊直弼と手を結び、主君の徳川慶福（家定）を一四代将軍とすることに活躍した。水野の長兄は初代紀伊国新宮藩主（それまで水野家は代々紀州藩付き家老）の水野忠幹、次兄は常陸国結城藩第九代藩主水野勝任。水野は松平忠孝とともに大名華族の教会員で、当時の社会にあってはキリスト教会にとって貴重な存在であった。彼は松平忠孝や朝比奈六郎らとともに、メアリーのバイブルクラスで学びクリスチャンへと導かれた。水野は新教会堂の建築に当たっては一〇〇円の大金を献金している。彼は一八八五年一月に持病が悪化し入院したが、徐々に回復したことから同年八月五日、東京府経由外務省にアメリカに三か年外遊の許可申請を出し、八月一八日付で認可の通知が下りた。しかし、このとき再び重病の床にあり八月二三日に召天した。まだ二〇代の若さであった。メアリーは教え子の病床を何度も見舞いに訪れ、聖書を読んで慰めを与えていた。この年（一八七五年）の一月には松平忠孝を天に見送り、相次いで明日ある若い教え子を亡くしメアリーにはつらい時間となった。

（4）**ビーチャーの裁判**　ビーチャー（Henry Ward Beecher, 1813-1887）**は**コネチカット州出身の会衆教会牧師で、奴隷制度の廃止、女性参政権や禁酒運動の支持および神の愛を説き、社会改革者として著名な牧師であった。スキャンダルも多く一八七二年に同僚の妻との不倫の疑いが生じ、一八七四年に同僚から告訴され裁判が行われていた。裁判の結果は評決不能陪審（陪審団の評決が一致せず再審）となり、その後数度無罪となった。ビーチャーの姉ハリエット・ビーチャー・ストウは、『アンクルトムの小屋』を書いたストウ夫人として知られる。

（5）**ミセス・クロセット（Jonathan Crossette）、ミス・セラーズ（M. R. Sellers）、ショー夫妻（Mr. & Mrs. James M. Shaw）** アメリカ長老教会中国派遣宣教師。

（6）**リーマン（Charles Leaman）** アメリカ長老教会中国派遣宣教師。

（7）**パーム博士（Theobald Adrlian Palm, 1848-1928）** エジンバラ医療宣教団宣教医師。セイロン（現・スリランカ）で宣教師の子として生まれた。エジンバラ大学医学部を卒業し、一八七四年五月にメアリー（Mary）夫人とともに来日した。早々に宣教医師の先輩であるヘボンを訪ね伝道計画の相談を行った結果、しばらく築地居留地に滞在し日本語を学びながら任地を決めることにした。当時築地居留地一八番のスコットランド一致長老教会の宣教師館に居住していた。

（8）**朝比奈六郎** 神奈川県出身。メアリーの初期のバイブルクラスの生徒で、一八七四年三月一日にタムソンから受洗した。メアリーは大いに期待していたが、彼女のもとから去り中村正直の小石川同人社に移った。

（9）**カロザース氏の学校** カロザースは一八七四年五月、築地雑居地の新湊町四丁目に「築地大学校」を開校し校長に就任した。教師にデビットソン（Robert Young Davidson）、ワデル（Hugh Waddell）、フォールズのスコットランド一致長老教会の宣教師およびエジンバラ医療宣教団のパームを迎えた。タムソンにもカロザースから教師就任の誘いがあったが、タムソンは自身で私塾を開いていたのでこれを断った。築地大学校は授業のすべてが英語で行われることで人気を呼び、生徒には瓜生《うりう》外吉（海軍大将・男爵）、都築馨六（枢密院顧問官・男爵）、尾崎行雄（東京市長）、真野文二（九州帝大総長）、鈴木舎定《いえさだ》（自由民権家）、原胤昭（元与力、社会事業家）、石原保太郎（牧師）、田村直臣（牧師）など俊秀が在籍した。生徒の多くがカロザースの導きでクリスチャンになった。

(10) 新栄教会人名簿によると、一八七三年九月二〇日の教会創立から翌年九月二〇日までの教会員の推移は、新規受洗者二四名、転入会者五名で発起人八名を加えて三七名となっている。朝比奈六郎の同人社入学によるカナダ・メソジスト教会への転籍を数えると、ちょうど三六名となる。月平均二・四名の増加で当時の教勢を知ることができる。

(11) メアリーも東京基督公会の日曜学校で指導していることが知られる。

(12) **パイパー（John Piper, 1840–1932）** イギリス国教会（Church Missionary Society＝CMS）の宣教師として、ファイソンらと六名で一八七四年五月に来日し、築地居留地に住み聖パウロ教会（現在、目黒区五本木）を創立した。新約聖書、旧約聖書の翻訳委員を務めたのち一八八〇年一二月に帰国した。

(13) **ファイソン夫妻（Philip Kembell Fyson, 1846–1928 & Eleanor Fyson）** イギリス国教会の宣教師として一八七四年五月に来日し、翌年から新潟で開拓伝道に努め、のち東京に戻り旧約聖書の翻訳委員となった。日本聖公会の大阪三一神学校校長を務め、その後北海道地方部初代主教となった。一九〇八年に退任し帰国、ロンドンに住んだ。

【編者解説】

八月二九日の新栄教会日誌には、「八月廿八日美国ノ書記官〔エリンウッド〕来ラレ小川長老ト対面公会ノ議ニ及ヒ候処『プレスビテリアン』『リフォーム』『コングレゲーション』三派ハ一致シテ日本公会現在ノ会ヲ助クヘキ由ヲ通セラレシト」とあり、アメリカ長老教会海外伝道局が三教派の合同に賛成していることを記録している。また、このときタムソンが在日アメリカ公使館の通訳官となり、報酬の半分を在日長老教会ミッションのため、残りの半分を東京基督公会のために使うことをエリンウッド書記は了承した。したがって、在日ミッションはタムソンの通訳官就任に反対したが、彼は海外伝道局の承認を得ていることからそれを無視してその職に就いたことになる。

一四　キリスト教式葬儀の波紋

一八七四年（明治七年）

九月二七日（安息日）

今朝のデビッドのクラスは多すぎて、彼の小さな書斎には入りきれないので、小川（義綏）の部屋に集まった。私は日本人礼拝をお休みした。午後いっぱい雨が降り続いた。

九月二八日（月）

神戸のベリー博士[1]が来訪、夕食を共にした。彼と他の二人が神戸から宣教師会議に出席のため派遣されたのだが、会議を開会して処理すべき案件に結論を出すのは困難がある。今日、デビッドの頭痛がまたぶり返した。浅草近くの家で小川が開いている今日の集会に励まされた[2]。普段より出席者が多かった。

九月三〇日（水）

一日中独りだった。デビッドは横浜の宣教師会議に出席。庭の掃除をして他にサプライズになるものを仕上げた。別の会議が明日東京で開催される予定。

一〇月一日（木）

今日一〇時に宣教師会議が開かれた。[3] ミラー氏と私たち二人が夕食を共にした。午後、私も会議に出席した。日本人教職者を養成する議題についてかなり詳細に話し合った。今後は江戸（東京）で月例の宣教師会議を開催することが決められた。デイビス氏[4]とミス・タルカット[5]がわが家に立ち寄って、私たちと軽食を急いで食べて駅に向かった。夕方、バラ氏とフォールズ博士が訪ねて来てミッション関係の話をした。

一〇月二日（金）

バラ氏が訪ねて来て一緒に朝食をとった。日本人教会の件が早く落ちついてくれたらと願う。そして、すべてが神の御心に沿ってなされますように！　会議は今日の朝も横浜で開かれる。

一〇月三日（土）

デビッドは今日も横浜に行って留守である。また日本人教会の会議に出席し、教会規則を採択する予定。アーサー夫人(6)が訪ねて来てサミー(7)が病気になり入院したが、デビッドにとても会いたがっていたと話した。横浜の会議はとても愉快なものだった。そして教会問題は一件落着した。

一〇月四日（聖餐式安息日）

日本人教会では八人が信仰を告白して洗礼を受けた。二人の子どもも受洗した。私にとってはとても有益で幸せな時期だ。ただし、聖餐式で小川のミスがデビッドに多くの苦痛を与えてしまった。デビッドはサミーを見舞いに行った。彼は昨日帰宅したのだが、お見舞いするには遅すぎる時間だった。

一〇月五日（月）

たくさんの親切と人に喜ばれることを主のために行いたいと決心している。そして弱々しいが、実行したいと願っている。しかし、一日が終わったとき、一週間、一か月、また一年が終わったとき、ほとんど何もできていない！

一〇月六日（火）

今日、教会規則を採択するため日本人教会の総会が開かれた。とても興味深い時間だった。数人がスピーチを行った。神戸のミス・タルカットがわが家に立ち寄り一緒にお茶をいただいた。

彼女の高度の日本語知識に触れ、改めて私のやる気を新たにしてくれた。

一〇月九日（金）

教会の働きが四方に広がりつつある。多くの人が真の道を教わりたいと願っている。安房国に福音を広める案が検討されている。そして当然、デビッドは自分が行けるのではと考えているのだろうか。小川は江戸から離れるわけにはいかないと考えている。サミーが死んだ。そしてデビッドが今日の午後葬儀を執り行った。(8) ビンガム氏からご招待をいただいた。蒸気船「チャイナ号」が明日の朝一〇時から午後五時まで江戸湾を試乗運転、その間お客をもてなすのでご招待する、との内容だった。しかし、私たちは行かないつもり。

一〇月一〇日（土）

自分たちの思いに反して招待旅行に出かけた。しかし、一一時までに帰宅できなかった。日本人賓客と書かれていた言葉に誤解があったものの、多くの国籍を代表する人々に立派なもてなしがなされた。大型船は花や蔦《つた》、国旗で上手に飾りつけられていた。私は船が大きくうねる大洋に出たとき船酔いになり、階下の特別室の一つに退かなければならなかった。太平洋横断の記憶が鮮やかによみがえり、そして今ある幸せな運命の巡り合わせに思いを馳せた。私の愛する人は私が元気になって一緒にデッキに行けるまで私を離れようとしなかった。一日中、気持ちの良い光と平穏な波だったが、空と嘘つきの波はどこまでも私たちに好意的だった。

一〇月一二日（月）

バラ氏が来訪、夕食を共にした。同氏は箱根にもう一度行く許可書を申請したが大臣から許可が出なかった。水野〔石夫〕が家に来て受洗を希望した。このことで私たちは喜んでいる。

一〇月一四日（水）

デビッドはマッカーティ博士と何人かの人たちと面会し、日本人伝道者一人、できれば二人の給料を定期的に支払う支援について話したが、大成功だった。祈禱会の後、ポート氏(9)、スチュワート（Stewart）氏を招いてお茶をいただいた。

一〇月一七日（土）

（ここしばらく）あまりたくさんの中断があり集中できなかったので、午前中書斎で過ごせたのはうれしかった。午後、デビッドは病院に水野を見舞った、そして、前より元気になっていた。（私は）体調がすぐれない。しかし、私の愛する人が家に帰り、とても優しく看病してくれたとき、体の調子がすっかり変わったように思えた。フォールズ博士がデビッドを訪ねて来て言った。カロザース氏は、彼の学校のある青年が私たちの教会に移りたいと思っていたが、その裏切りのことでその青年たちを非難していた。そしてそれはデビッドの生徒たちがそそのかして転籍させようとしているのだと非難していたと語った。デビッドは直ちにカロザース氏のもとに行った。そしてカロザース氏の非難は実際には根拠がないことがわかった。しばらくの間は、この件はカロザース氏と周りの人たちに解決させる、とデビッドは心に決めている。根拠のない非難はどの程度まで追跡調査すべきか、またどこまで事態を鎮静化させる努力をしたらいいのか、神よ、私の愛する人を導いてください。私の気力を削ぐ虚偽の言葉も、これまではデビッドの寛大な心のゆえに水に流すこともできた。そして、それが神の栄光と教会の徳のためなら看過ごすこともできよう。しかし、実際はいつもそうとは言えないようだ。

一〇月一九日（月）

デビッドは説教のため浅草近くに出かけた。およそ三〇人の信徒が集まっていた。小川と北原〔義道〕[10]、そして地方の伝道旅行から戻った仁村〔守三〕[11]と島〔亘〕もいた。彼らの報告には励ましと落胆があった。高橋〔亨〕がデビッドを訪ねて来て、デビッドが二人の日本人、クリスチャンの老婦人〔伊藤庭竹〕とサミーの葬儀をキリスト教式で執り行ったことで〔宗教を所管する〕教部省が騒々しくなっていることを伝えた[12]。

一〇月二二日（木）

カロザースの一件は解決した。彼は進んで会議を開くことはしたくなかったが、すべての必要な修復がなされた、とデビッドは考えている。

一〇月二三日（金）

午後、私たちは古代日本のアンティークを見に出かけた。そのいくつかは一六〇〇年も前のもので見た目も自然のままだ、と持ち主は言った。次に行った家の第二の男性は「シンジョ〔おみやげ〕」として、小さな火打ち石の矢じりとどこかの豪族の墓で発見されたガラスのビー玉をくれた。今日初めて暖房を入れた。塔のようなパイプのついたわが家の小さなストーブがついに設置された。書斎の床に敷くカーペットを買った。

一〇月二五日（安息日）

晴れた暖かい安息日。外国人教会〔ユニオン・チャーチ〕は礼拝出席者が多かった。〔午後からの〕日本人礼拝では来た人たちすべてを収容できなかった(13)。これらは感謝すべき光景だった。礼拝後、教会員たちに短い時間残ってもらい、デビッドの計画案である安息日の朝、日曜学校を開き、〔午後の〕礼拝後二つのバイブルクラスを行うことを承認してもらった。もし、うまく実行できるならこの計画は喜ばしいものと思う。今晩、月食が見られる。

一〇月二六日（月）

今日、私の先生〔竹村耕靄〕は身体の具合が悪く授業に出られなかったが、日本語を教えに来てくれた。優しい小柄なおキヨが、私が独りで寂しい思いをしないようにと言って、わざわざ帰り道を一緒に帰ってくれた。政府がキリスト教徒の埋葬を問題視していることへの対応のため奥野〔昌綱〕が〔横浜から〕面会に来た。今晩、フルベッキ氏宅を訪問した。彼はすぐに始まる日曜学校のクラスで教えてくださるでしょう。一か月前フルベッキ夫人に赤ちゃんが生まれていたことを知ってびっくりした。

一〇月二七日（火）

日本人クリスチャンの埋葬をキリスト教式で葬る権利について、高橋〔安川亨〕が今日〔政府へ請願の〕書状を書き、何人かの宣教師に署名してもらい、ビンガム公使を通して外務省に送ることにしている。[14] デビッドは今日もまた私のクラスを代講してくれた。雨が降っている。

注

（1）ベリー博士（John Cutting Berry, 1847–1936）　メイン州に生まれ苦学してフィラデルフィアのジェファーソン医科大学を卒業し、一八七二年五月にアメリカン・ボードの宣教医師として妻のエリザベス（Elizabeth）とともに来日した。神戸で貧民層への施療、収監者の治療に当たった。その後岡山、京都で医療伝道に従事し、一八八七年にアメリカン・ボードによって同志社病院および京都看病婦学校が設立されると病院長に就任した。一八九三年に帰国しマサチューセッツ州の公立病院で長く医師を務めた。

（2）この集会は一八七七年一一月一〇日に新栄教会から分離し、小川義綏を牧師に三三名の信徒をもって浅草教会となった。

（3）一八七四年一〇月一日から三日の間、横浜でアメリカン・ボードのベリー、デイビス、D・C・グリーン、長老教会のタムソン、アメリカ・オランダ改革教会のJ・H・バラおよびスコットランド一致長老教会のフォールズが会議を行い、共通の教会規則をもって合同を進めることを決議した。ところがその後、この年にアメリカからアメリカン・ボード通信宣教師の資格で帰国した新島襄が長老政治を採る教会との合同に強く反対し、またアメリカン・ボードの本部からも同様の理由で合同に不賛成の連絡が来状したため、バラとタムソンが理想とする全国規模の超教派主義教会の設立は挫折を余儀なくされた。

これはアメリカ長老教会、アメリカ・オランダ改革教会およびスコットランド一致長老教会が関わる京浜の二公会は長老政治（代議制）を採り、アメリカン・ボードが指導する阪神の二公会は会衆政治（独立制）によるという、教会運営上の教会政治の違いがあったためで、これが合同の障害となった。

（4）**デイビス（Jerome Dean Davis, 1838–1910）**　ニューヨーク州に生まれ、ウィスコンシン州のベロイト大学在学中に北軍義勇兵として南北戦争に出征し、戦功を挙げ陸軍中佐に昇進した。復学して同大学を卒業、シカゴ神学校に学び牧師となり、のちアメリカン・ボード宣教師となって一八七一年一二月に来日した。主に神戸と三田《さんだ》で伝道し、同志社英学校創立に際し新島襄を応援し開校を実現した。同校で神学を担当した。長老政治を採る京浜の二公会と会衆政治形態の阪神の二公会の合同に新島襄とともに強く反対した。一九一〇年に一時帰国中に召天した。

（5）**ミス・タルカット（Eliza Talcott, 1836–1911）**　コネチカット州に生まれ、師範学校を卒業し教員を経験後、アメリカン・ボード最初の独身女性宣教師となり一八七三年三月に来日した。神戸で女子教育を始め一八七五年に寄宿学校を設立し校長となった。この女学校はのちに神戸女学校（現・神戸女学院）となった。その後岡山、鳥取、京都で女子教育に携わり、一九九六年に病を得て帰国したが、一九〇二年に再来日し神戸女子神学校で教え、神戸の地で亡くなった。「慰めの人」と呼ばれ山室軍平や石井十次に影響を与えた。

（6）**アーサー夫人**（**Clara Arthur Mason, 1844-1884**）　アメリカ・バプテスト教会宣教師J・H・アーサー（James Hope Arthur, 1842-1877）の妻で、一八七三年一〇月に夫とともに来日した。夫妻は横浜山手にしばらく滞在後、翌年六月に上京し森有礼との縁で竹川町一二番地（現在、東京都中央区銀座七丁目）の彼の持ち家に住んでいた。

（7）**サミー**　サムパッチ仙太郎（一八三二?–一八七四）。サムは幕末の永力丸による漂流民で、ジョセフ彦（濱田彦蔵）らとともに数奇な運命を辿ったことで知られている。J・ゴーブル、J・H・バラおよびE・W・クラークのコックを務めた。一八七三年一二月から築地居留地のユニオン・チャーチの礼拝に出席するようになり、タムソン夫妻と知り合い交流するようになった。サムは翌一八七四年一〇月初めに重い心臓病（脚気が原因と言われている）を発症し床に伏し、同月八日にアーサー夫妻の家で息を引き取った。

（8）**サミーの葬式**　翌九日、タムソンの司式によりアーサー家の一階でキリスト教式葬儀を行い、その後法令に従い中村正直の菩提寺である大塚仲町の日蓮宗本伝寺で二人の僧侶によって経があげられ、中村家の墓域に埋葬された。

（9）**ポート**（**Thomas P. Poate, 1848-1924**）　イングランドのポーツマス近郊で生まれ、オックスフォード大学の薬学試験に合格し、一八六七年に薬剤師として中国に赴き、一八七一年に日本に転任した。中村正直の同人社で英語を教えた後、政府お雇いとなり東京英語学校教師となった。東京ユニオン・チャーチの創立に尽力し、築地居留地一七番Bの土地の競貸にフルベッキと共同名義で入札し落札した。一八七九年にアメリカ・バプテスト教会宣教師となり、横浜バプテスト神学校（現・関東学院）教師、聖書翻訳、地方伝道に従事した。一八七九年にアメリカ長老教会女性宣教師のイザベラ・マーシュ（Isabella Marsh, 1847–1896）と結婚した。

（10）**北原義道**（**一八四六－一八九四**）　信濃国高遠藩士北原幸知の子として生まれ、元服し藩士となった。維新後上京し一八七〇年に土佐藩邸で会津藩の井深梶之助、山川健次郎等と沼間守一の英語塾で学んだ。その後横浜に出てJ・H・バラのもとで英語を学び、やがてキリスト教に触れ一八七二年六月九日、横浜基督公会の第三回洗礼式で本多庸一、小川きんらとバラから受洗した。翌年再度上京し東京基督公会の創立メンバーとなった。カロザースの日本語教師のかたわら、この頃築地居留地六番にカロザースが開いた聖教書類販売所（鉄砲洲六番書庫）の責任者として働き、その後原胤昭の銀座十字屋の番頭となった。一八七七年一〇月、新たに開校した東京一致神学校に入学し、翌年准允《じゅんいん》を受け桐生地方に伝道し桐生教会創立に努力した。一八七三年から日本橋本革屋町の自宅で開いていた集会が、一八七九年一一月二二日に日本橋教会として独立し初代長老に就いた。その少し前の同年一〇月にすでに按手礼を受領していたが、翌年の神学校卒業を待って牧師に就いた。教会は北原の指導のもと順調に発展していったが、一八八八年に来日したプリマス・ブレスレンのH・G・ブランド（Herbert George Brand, 1865–1942）の影響を受けた青年信徒が集団で教会を離れ、さらに一八八九年に長男寄夫が不祥事を起こしたため責任を取って牧師を辞任し、五年後に四八歳で亡くなった。名牧師と評され信徒から尊敬されていたが、失意の晩年であった。夫人は築地女子寄宿学校（通称B六番女学校）でメアリーから教えを受け、タムソンから受洗し東京基督公会員となった旧姓森田はるで、北原夫妻はタムソン夫妻とごく近い関係にあった。

（11）**仁村守三**　一八七〇年六月に長崎でイギリス国教会（CMS）宣教師のエンソル（George Ensor, 1842–1911）から受洗し、その後横浜に出て一八七二年三月一〇日の横浜基督公会設立メンバーの一人として加わり、翌年に執事および公会規条改正委員にも選ばれた。一八七四年六月に東京基督公会に転入会後も一八七五年九月に櫛部漸とともに長老に選出され、積極的に教会の運営に参画した。しかし、翌年には教会から遠ざかり音信不通となった。後に広島県の本願寺派専徳寺の住職香川実玄となっていたことがわかり、実態は太政官諜者の豊田道二として諜報活動をしていた。東京基督公会には桃江正吉（正木護）と仁村守三（豊田道二）という二人の諜者が有力教会員になっていたことになる。プロ（スパイ）であった彼らの完璧な仕業に教会員は知る由もなかった。

(12) 留守政府は切支丹禁制の高札撤去に伴いキリスト教徒の増加および自葬が増えることを見据えて、高札撤去に先立つ一八七二年八月二日（明治五年六月二八日）に、葬儀の国家管理の徹底を図るため次の太政官布告を発令し、葬儀は「神官僧侶」に限ることを定めた。

第百九十二号

近来自葬取行者モ有之哉ニ相聞候處向後不相成候條葬儀ハ神官僧侶ノ内へ可相願候事

第百九十三号

従来神官葬儀ニ関係不致候處自今氏子等神葬祭相頼候節ハ喪主ヲ助諸事可致扱候事

キリスト教徒の遺族は法令上やむなく最初にキリスト教式葬儀を行い、その後改めて神式あるいは仏式葬儀を実施するという方便で対応した。

(13) **ユニオン・チャーチの使用問題**　東京基督公会はユニオン・チャーチとの間で教会堂の使用について、主日の午前中の外国人礼拝前に安息日学校、午後に日本人礼拝をもつという賃貸契約を結んでいた。

(14) メアリーがここで言及している、高橋亨（安川亨）によって準備された日本人の葬儀の自由を求める外務省への請願書は、現在のところ確認できていない。もしこの請願書が実際に出されたとすれば、のちに触れるこの年の一二月一七日付で東京府知事に出された櫛部漸、押川方義、吉田信好および北原義道の連名による葬儀の自由の請願書に先立つもので、高橋の働きとして評価されるものと言える。

一五　タムソンと葬儀の自由獲得運動

一八七四年（明治七年）

一一月一日（安息日）

今日水野〔石夫〕が受洗した。教会堂はまた超満員だった。デビッドの説教が終わる頃には二〇～三〇人が通路に立っていた。

一一月二日（月）

ミス・ガンブルが訪ねて来てしばらくいた。この見知らぬ国で、独りで生活するのは悲しくまた疲れる。私自身の生活は対照的に光り輝く最愛の人がそば近く居るだけで、病気のときも健康なときも絶えず励まされている。ガンブルの使用人が彼女のもとを去り、彼女はほとんど病気で具合が悪い。

一一月七日（土）

この一週間ずーっと病気、しかし、さらに神の御そば近くに近づいた。たくさんの祈りに導かれた。神を信じないある人物が宣教師を非難した記事について、多少の騒ぎが起きている。最初にその記事を読んだとき、私たちは自分たちには何も当てはまらないと思っていたが、その後真実はその逆だと知らされた。でも潔白な人には、そのようなことは軽い重荷としか感じない(1)。

一一月一四日（土）

数日間病気だったが、今日は良くなった。〔在日ミッションから調査の〕委員に指名された宣教師たちは、中傷記事を書いた出版社の編集者に面会した。彼は記事を書いた者と連絡できるよう約束するので、自分は解放してほしいと言った。

一一月一五日（安息日）

今朝、〔日本人〕教会の安息日学校が無事開校した。〔ユニオン・チャーチの礼拝で〕外国人会衆にはソーパー氏が説教した。礼拝後、あの説教壇から説教するのは誰が適任か、とヴィーダー博士が発する激しい言葉が聞こえた。午後の日本人礼拝は超満員の中で行われた。今日、カロザース氏が自分の教会(2)を組織した。私は開会式の一部を聞いたが心から幸運を願った。私の心は一日中喜びに満ちていた。神が私の心を広くしてくださる。私はすべての人を愛する。主イエスを愛するすべての人の繁栄を祈る。この国民の群衆が主の許に群れを作って集まったとしても不思議ではないだろう。夕方、デビッドとフォールズ博士は土屋さん(3)のお宅で説教するため出かけた。

一一月一九日（木）

在日宣教師たちは特に祈禱週間の間、日本のために祈ってほしいとさまざまなキリスト教国に嘆願書を送る予定である。横浜で宗教的目覚めが高まっている。ミス・ガンブルが二日間病気だった。学校が終わってからティータイムまでの間一緒にいた。彼女にもまた私に話したい喜ばしいニュースがあった。

一一月二〇日（金）

ビンガム氏は最近中国と日本の間で交わされた条約議定書(4)を今日中に翻訳してほしいとデビッドに送ってきた。同氏は訳文を明日サンフランシスコに向けて出航する汽船で送りたいと思っておられる。

一一月二二日（安息日）

外国人礼拝が始まる前に、私たちの安息日学校が教会〔ユニオン・チャーチ〕を使うことにマッカーティ博士とヴィーダー博士が反対している。

一一月二三日（月）

今朝、ミス・ヤングマンが訪ねて来た。彼女は、私たちの件でマッカーティ博士が言っていた言葉を伝えた。そしてこのことで私は不愉快に思った。しかし、今、私の気持ちは前にも増して平安な気持ちになった。もし、主が祝福してくださるなら、私たちは本当に恵まれた者となるだろう。

一一月二四日（火）

今日、デビッドは北原〔義道〕の妻[5]を訪問し面会した。そして、彼女がしっかりした気迫をもっていることにとても喜び安心した。彼女は一日中祈っておりました、とデビッドに伝え、神主〔神道祭主〕、政府の宗教部門責任者、あるいはその仲間の脅迫によって耐えられない誘惑を恐れたり、陥ったりすることがないよう祈っていただきたいと願った。〔政府の宗教部門〕責任者は最近、もしあの残りの宗教書の一冊でも売るようなことをしたら、首を斬ってやるからと脅した[6]。神は力ある者たちを混乱させるためにこの世の弱き者を選ばれるという考えにデビッドは心打たれたと言っている。ある老婦人がかつてハーン[7]と一緒にいたとき、彼女の息子は大酒飲みだったが、最近一〇〇日の間は一滴も飲みませんと約束し、そして今回は真の神の名前で誓った、と話した。小川〔義綏〕と北原は今朝地方への伝道旅行に出発した。高橋〔亨〕は父親[8]の葬儀から戻って、神道の方式に従った儀式の詳細を話してくれた。

一一月二六日（木）

感謝祭！　この一年神からいただいた大いなる恵みの数々はいとも簡単に数え上げることができる！　温かさと慰めが満ちている私たちの小さな家庭は、喜びと私たちが胸に抱く懐かしのわが家のイメージを人間の耳にはほとんど聞こえない声で日々に物語っている。私の愛する人、神からいただいた地上最高の贈りものは、ますます大切な宝であり、喜びとなる。苦労も二人が御そば近くにあるようにと天の父より優しくいただいたもの、それで私は苦労と涙のゆえに神を賛美する。当地の日本人教会と私たちの働きは私たちが願い求めた以上に豊かに水やりがなされ、成長してきた。横浜と東京の日本人教会は最近中国との平和条約のゆえにそれぞれで感謝記念礼拝をもった。デビッドは〔両公会の〕合意に基づいて、日本人会衆に説教するため横浜に向かった。しかし、列車に乗り遅れ、そして次の列車で目的地に着いたときには、礼拝が終わってしまっていた。バラ氏は〔上京が〕予定されていたのだが、デビッドと一緒に戻らなかった。それで私たちは初めての感謝祭ディナーを二人きりの水入らずでいただいた。私たちの日本人教会は午後三時に始まり、そして終わったときには外が暗くなりかけていた。

一一月二七日（金）

（日本語の）先生〔竹村耕靄〕とマタイ第二六章を読んだ。そして仮に英語で読んだとしても日本語で読んだほうがより大きな感動だった、と思う。あのすばらしい十字架物語はいつまでも新鮮だ！　今日、父から手紙が届いた。わが家からのグッド・ニュースだ。

一一月二八日（土）

本多〔庸一〕[9]さんが私たちにお別れの挨拶に見えた。彼は自分の国〔弘前〕に帰るので祈ってくださいと願った。そこはこれまでカトリックが活動拠点として活動していた。クジさんがやって来て、家主が承諾してくれないのでこれ以上彼の家で集会ができないと言った。しかし、他にも理由があるらしい。彼の母親が最近静岡から上京してきたが、彼女はキリスト教が嫌いだ。デビッドは、今日たっぷり仕事をした。あちこち移動して、病人を訪問し、教会の件で管財人と会って意見を聞いたり、宣教師についての中傷記事のことで再度出版社を訪ねたり、等々。

一一月二九日（安息日）

今日安息日学校は苦情、あるいは苦情の恐れがあるので一〇時に終了した。〔午前のユニオン・チャーチの礼拝で〕フォールズ博士が外国人に説教した。ヴィーダー博士自らが私に伝えたのだが、デビッドがまだ説教の準備をしていなければ、次週の安息日は自分が説教するつもりだと。そして彼〔デビッド〕はいつか他の日にできると言った。デビッドは自宅に残って〔午後からの日本人礼拝のため〕日本語説教の準備をしなければならなかった。今日の礼拝のとき、他に部屋がなかったので部屋を出たり入ったり、着替える人もいてひっきりなしに起こる騒音がとても気になった。

一二月一日（火）

今晩、ビンガム氏の所で開かれる米国市民のリユニオンに招待された。しかし、出席したくない。

一二月二日（水）

昨晩、〔リユニオンに〕出かけた。今日はそのおかげで私の静かな家と控えめな量の仕事が、いつもよりもっと楽しいように思える。優雅な客間で手袋を着用して、立派な身なりをした人々に囲まれて座るより、女の子たちのクラスを教えて、彼女たちの感謝の言葉を聞いていたいと何度も思った。私たちは夕方フルベッキ氏宅を訪問した。フルベッキ氏は伝道者の費用に充てる初穂献金として一〇ドルを献金してくださった。

一二月四日（金）

夕方、小川と北原が地方の伝道旅行から戻って来た。約二〇〇人の人々が二人から御言葉を聞いた。私は喜びのうちに彼らを迎えた。彼らは実にすばらしい、誠実なメッセンジャーだ。デビッドは神道に関する論文(10)を作成中。

一二月六日（安息日）

今日五人が教会に受け入れられた。礼拝が終わるまで会衆はいっぱいで、熱心に耳を傾けた。

一二月七日（月）

デビッドは夕方開かれた集会で神道についての論文を発表した。

一二月八日（火）

たくさん祈られた一日だった。今朝早くアメリカ総領事からデビッドのもとに一通の手紙が届いた。東京裁判所所長からデビッドの雇い人、小川義綏に対して、今月八日午後一時に裁判所に出頭させるようにとの要請であった。それから小川にその旨指示してくれると有難いと書いてあった(11)。この後、教室で彼らは詩編二編(12)を読んだ。それはちょうど相応しい箇所だった。それから小川が書斎に入ってきた。デビッドは適切な聖書箇所を朗読し、二人で話し、デビッドが祈りを捧げた。小川には内に秘めた確信と喜びさえも湧いてきた。キリストのための証人となれる。しばらくすると奥野〔昌綱〕が同じような呼び出し状に目を通した上で横浜からやって来た。デビッドは同じように聖書朗読と祈禱を行ったが、奥野一人が祈った。そしてきっと小川も祈りたいと思っただろうと思う。キリスト教は彼らのような人が変えられて、顔からも語る言葉からも心が新しくされた者であることがわかるようになる！　夕方。彼らは今日裁判所で粗雑な扱いを受け、そして、明日また出頭しなければならない。夜は手紙書きで大忙し。デビッドはビンガム氏を通して裁判所所長に宛てた書状に、すべての責任は自分にあるが、われわれは宗教の自由が認可されているものと考えていたこと、また今回の処遇に大いに困惑させられていると認《したた》め、今出かけて行った。デビッドはビンガム氏から森〔有礼〕[13]氏宛ての書状を携えて戻って来た。それには明日タムソンが裁判所で上訴できるように森の影響力を行使してほしいとあった。

一二月九日（水）

デビッドは森〔有礼〕氏に面会するため早く出かけたが、同氏は何の手助けもしてくれなかった。彼は確かに助言してくれたが、〔デビッドの裁判所所長宛て〕書状は小川と奥野が持参するのがいいだろうと述べ、しかし、実際にはそれも徒労になるだろう、というのも提出したとしても、裁判所は目を通すこともないだろうと言った。

デビッドは再びビンガム氏の許に行った。そしてデビッドはビンガム氏から自分自身で書状を提出し、証言として取り上げてもらうよう勧められた。デビッドはその旨裁判所所長にメモを書き、彼の書状を添えて裁判所に持参した。しばらく待った後に、まず書状を翻訳しなければならないので、今すぐ返事はできないと告げられた。しかし、小川と奥野は書状が受領されてから、今まで受けた取り扱い方に変化があったと言った。二人は再び土曜日に出頭せよとの召喚状を渡されて放免された。今朝、デビッドはバラ氏に手紙を書き、書類を作成し、アメリカの宣教師全員に署名してもらい、それをすぐにも江戸〔東京〕に持ってきてほしいと依頼した。バラ氏は今日の夕方全員が署名した書類を持参し、今度は〔東京ユニオン・チャーチの〕祈禱会に出席している人々の署名を集めるために皆で出かけて行った。

一二月一〇日（木）

バラ氏は私が起床する前に起きて帰られた。彼は嘆願書にフルベッキ博士とアーサー氏の署名をもらった。ビンガム氏はそれを歓迎したとバラ氏は思った。今日、日本人教会は政府への嘆願、自分たちの組織について等諸般の事柄について決めるため集会を開いた。小川は裁判所での事件処理のやり方を私に説明してくれた。

一二月一二日（土）

一〇時に奥野と小川は再び裁判所に行った。戻ったのは午後かなり遅い時間だった。今日は奥野だけが取り調べを受けた。彼らは別々の場所に連れて行かれ、以前より上級の取調官が応対した。金額は未定だが奥野には罰金刑が科せられた。そして日本政府はむろんキリスト教を公認していないと伝えた。デビッドは埋葬については自分の責任だと主張したが、奥野が彼と一緒だったのだから奥野は有罪だった。小川は次回の呼び出しまで待たなければならない。二人が私たちに報告するため部屋に入ってきたとき、彼らはとても悲しい顔をしていた。自分たちのためではない、教会、弱い信者たち、そして求道者たちのためです、と言った。

一二月一三日（安息日）

日本人礼拝の後、教会員はそのまま残り、四人が指名されて政府に書いた嘆願書(14)を読み上げるのを聞いた。

一二月一四日（月）

今日、デビッドはフォールズ博士を伴って裁判所に行った。彼らは奥野を調べた判事(15)の面接を受けた。彼はきっぱりとキリスト教はまだ禁止されていると二人に告げた。デビッドが自分に同行したという理由で小川と奥野が有罪になるなら、自分をも起訴しないのかと質問したのに対して、彼は二人の処分はまだ確定してないからどうなるかわからないと回答した。

一二月一五日（火）

今日の夕方、私たちの書斎にほとんどの宣教師が出席して会議を開き、デビッドが最近起こった困難な問題について報告し、また今後の対応を少し話し合った。次回相談するための会議を一月一日に開くことにした。

一二月一七日（木）

デビッドは最後に奥野を取り調べた判事、池田氏から明日一二時に裁判所に面接に来てほしいとの手紙を受け取った。

一二月一八日（金）

面接はこれまでに知られていることからほとんど進展がないまま行われた。デビッドは彼が手紙に書いたいくつかの箇所について説明を求められた。池田氏は、キリスト教は禁止されており、このことを忘れてはならないと言った。デビッドはキリスト教を説かないという約束をしたと理解されることはいささかも言っていないと語り、もしキリスト者が迫害されたとしても彼らは耐えるに違いない、と告げて面接を終えた。

一二月一九日（土）

北原は数日前、埋葬の権利に関して提出した嘆願書のことで、明日一二時に地方裁判所に出頭するよう招集を受けた。(16)

一二月二〇日（安息日）

北原は呼び出しに応じて出かけ、そして櫛部〔漸〕を伴った。取調官は、もし嘆願書が上層部に送られたら教会は厄介な問題を抱えることになるだろう、そのような事案だから取り下げたくないかと聞かれた。しかし、二人は即座に「上層部に送ってもらいたい」と返事した。日本人礼拝が行われている間、私はしばらくミス・ガンブルと一緒に過ごし、私を悩ますような多くのことを聞かされた。私は神経が極度に高ぶり、いらいらした。郵船「ジャパン号」の火災ニュースがあった。(17)

一二月二五日（金）

クリスマス！　しかし、故郷で見慣れた光景はない。白い雪も凍結もない。天気は灰色の曇り空で、朝から晩まで休みなしに雨が降り続いた。しかし、こんなことで私たちが今日誓おうとしている決意が揺らぐことはない。こんな天気でなければ一緒に過ごしたであろう、多くの人々の足が遠のいたことは確かだが。ケーキを切ったり、並べる手伝いをした後、私たちはかなり急いで作った最初のクリスマス・ディナーをいただくため階下に降りた。教会での小礼拝は二時から三時まで続いた。それから一同はミス・ヤングマンの家に移動した。生徒たちが演技をし、歌を歌った。クリスマスツリーに集められた贈り物が皆に配られ、食べ物が配られた。そして日本人の一人ひとりが結構な量の包みをもらい、残したものをそれぞれの着物の袖に入れて家に持ち帰った。これらのことがすべて終了したとき、二階では、定番の「弁当」が贅沢に配られた。七時にクラーク氏[18]が満席の教会で（二台の）幻灯機を使って立体写真を見せてくれた。八時から九時頃、この数日の忙しさの中で傘をどこかでなくしてしまい、土砂降りの雨の中を家に戻った。しかし、私たちの小さな立派なストーブで足を温めていると、「わが家に勝るものなし」の思いにすべての苦難はやがて忘れてしまった。人の徳を高め、健全な黙想をするクリスマスのほうが私にとってはもっとうれしかったと思う。私がもらったプレゼントはいろいろで、コロン、漆器、カフスボタンなどがあった。

一二月二七日（安息日）

ひどい嵐の安息日。日本人礼拝の後、デビッドが新島〔襄〕[19]（Joseph Hardy Neesima）を家に連れてきた。彼はアメリカから戻ったばかり。彼は一〇年前日本を脱出し、上海に着いた。九か月そこに留まり、働きながらアメリカに渡った。乗船した船のオーナーは、彼のことが気に入り、教育を受けさせ、日本人に福音を知らせる牧師になる準備をさせてあげようと決心した。そして今彼は戻って来た。真面目なキリスト教信者、私たちが見る限りでは、おそらく良き知らせを告げるための準備は完全に整っているようだ。

一二月二九日（火）

フルベッキ氏の訪問があり、われわれの日本人信徒が独自の教会堂をもつ気持ちがないか尋ねた。外国人教会〔ユニオン・チャーチ〕での礼拝はあまり居心地が良くないのではと思ったので、と言った。その上、礼拝ができるのは午後に限られていた。もちろんです、と私たちは返事した。教会堂のことは以前から話し合っていたし、願っていたし、とても必要だと思っていた。しかし、今のところ、伝道資金を募るため努力している金額を考えると、これ以上はできないだろうと思っていた。それから私たちが素朴で頑丈な会堂を建てるコストを話したとき、フルベッキ氏は一五〇〇ドルかそれくらいの額を献げてもいいと言外にほのめかした。そのとき、ドアが少し開けられたように思えた。どんなにうれしい気持ちで自室に戻ったことか、主に感謝したが言葉にならない。二人きりになったとき、デビッドはいかにして荒野で幕屋建設のための資材が与えられたか聖書を朗読し、喜んで献げる寛大な人がこの群れに与えられるよう跪いて祈った。そうです、私たちはすべてを主に委ねました。そして私の心には神の御名を刻む家、神が喜んでお住まいになる家を私たちのただ中にすぐにも建ててあげてくださるとの確信が湧き上がった。

一二月三〇日（水）

ハミルトン氏の訪問があった。会堂建設の可能性を聞いて喜んでくれた。そして「私にも趣意書をまわしてください」と言った。夕方には教会の主だった会員五、六人がこの相談に参加した。どれくらい募金ができるか、見積もりは私たち自身が試算した額をはるかに超えた。しかし、キリストの教会堂を作る認可をもらう過程には多くの困難がある。自由な国に住むことはどんなに幸せなことか。

一二月三一日（木）

今日〔本国から〕郵便が届いた。デビッドが日本のアメリカ公使館通訳官になる任命書も同じ便で届いた[20]。そしてビンガム氏の要請で直ちに彼は通訳官に就任し、認証書類を受け取った。そして、これから迎える新年のため、心新たにして跪いて知恵と愛に満ちた天父にすべてを委ねることを決意した。

注

（1）背景が不明なため解釈が難しい文章となっている。大意を汲むと、宣教師を誹謗する記事が新聞か雑誌に出て、後日それが的外れではなかったことがわかったが、記事に該当しないと考える宣教師は特に気にしていない、という意味に取れる。

（2）**カロザースの教会**　アメリカ長老教会在日ミッションは、一八七三年一二月三〇日に中会組織の日本長老公会を設立したことにより、小会として一八七四年九月一三日にルーミスを仮牧師に横浜第一長老公会（現・横浜指路教会）を創立、続いて一〇月一八日にカロザースを仮牧師として東京第一長老教会（現・芝教会および巣鴨教会）を創立した。場所は築地雑居地の新栄町四丁目一番地であった。この二つの長老教会の創立は、タムソンが小会のない中会の設立は本国の長老教会規則違反であることを糾弾していた点を考慮して、在日ミッションとしてその指摘に対応したことになる。なお、メアリーが記す通り東京第一長老教会の開会式が一一月一五日（安息日）に行われた。当日の模様をカロザース夫人が著書で次の通り記録している（ジュリア・カロザース著、河野真砂子訳『日出る国』、二二二頁）。

教会が正式に発足して、長老や執事が任命されたのは一一月でした。そのときの光景はとても印象的で、皆はとても感慨深く見えました。説教が長老、執事、教会員、外部者に向けてあって、少女たちは日本語で主の祈りを唱えました。それから讃美歌が歌われ、祝賀の言葉が述べられ、その小さな集会は解散しました。

（3）**土屋さん**　一八七四年四月五日にタムソンから受洗し、東京基督公会員となった土屋ただ。当時の家庭集会の様子が見える。

（4）**条約議定書**　一八七一年の台湾における宮古島島民遭難事件に伴う台湾出兵後の賠償交渉の結果、一八七四年一〇月三一日に北京で弁理大臣内務卿大久保利通と清国恭親王で交わされた「日清両国間互換条款及互換憑単」を指す。同年一一月一七日に太政官布告が出された。この条約によって琉球の日本帰属が国際的に承認されることとなった。

（5）**北原義道の妻**　旧姓森田はる。築地女子寄宿学校でメアリーとヤングマンから学び、一八七四年二月一日にタムソンから受洗し東京基督公会員となった。同年北原義道と結婚した。北原がのちに牧師となると牧師夫人として教会奉仕の生涯を送った。一八七七年に母の森田みともタムソンから受洗し東京基督公会員となった。

（6）当時夫の北原は築地居留地六番にカロザースが開いた聖教書類販売所（鉄砲洲六番書庫）の番頭をしていたので、役人からキリスト教書の販売を禁止するこうした厳しい発言があったと思われる。

（7）**ハーン**　ラフカデオ・ハーン（小泉八雲）のこと。

（8）**高橋亨の父親**　実父の安川栄之助将盈（下総国東葛飾郡藤原新田名主、村長）の葬儀。

（9）**本多庸一（一八四八―一九一二）**　陸奥国弘前藩重役の長男に生まれ、藩校で漢籍を学び維新後の一八七〇年秋に藩命で横浜に遊学し、英学修行のためJ・H・バラの塾に入った。そこでキリスト教に触れ一八七二年にバラから受洗し、横浜基督公会信徒となった。この横浜時代にタムソンと交流した。一八七四年に弘前に帰り東奥義塾塾長となり、翌年一二月に弘前基督公会を設立した。同教会はアメリカ・メソジスト監督教会のJ・イングの指導を受けたことから、一八七六年一二月にメソジスト教会に加入した。本多は自由民権運動を展開し青森県会議員、同議長を務めた。一八八六年に議員を辞職して仙台五橋教会牧師となり、翌年上京し東京英和学校（青山学院前身校）校主となった。その後青山学院長となり一八九七年に日本福音同盟会長、一九〇六年に日本メソジスト教会監督に就いた。

（10）**神道に関する論文**　この原稿は見つかっていないが、タムソンは島原の乱など日本の宗教史の研究論文をまとめている。

（11）伊藤庭竹のキリスト教式葬儀に関し、東京裁判所から法令違反として葬式に立ち会った罪で小川義綏と奥野昌綱に出頭命令が出された。政府はタムソンが外国人であり、また在日アメリカ公使館の通訳官という外交官でもあったことから手が出せず、日本人を処罰の対象として起訴を図った。

（12）**詩編二編（新共同訳）**　「二・一 なにゆえ、国々は騒ぎ立ち／人々はむなしく声をあげるのか。二・二 なにゆえ、地上の王は構え、支配者は結束して／主に逆らい、主の油注がれた方に逆らうのか　二・三「我らは、枷《かせ》をはずし／縄を切って投げ捨てよう」と。二・四 天を王座とする方は笑い／主は彼らを嘲り　二・五 憤って、恐怖に落とし／怒《いか》って、彼らに宣言される。二・六「聖なる山シオンで／わたしは自ら、王を即位させた。」二・七主の定められたところに従ってわたしは述べよう。主はわたしに告げられた。「お前はわたしの子／今日、わたしはお前を生んだ。二・八求めよ。わたしは国々をお前の嗣業とし／地の果てまで、お前の領土とする。二・九お前は鉄の杖で彼らを打ち／陶工が器を砕くように砕く。」二・一〇すべての王よ、今や目覚めよ。地を治める者よ、諭しを受けよ。二・一一畏れ敬って、主に仕え／おののきつつ、喜び躍れ。二・一二子に口づけせよ／主の憤りを招き、道を失うことのないように。主の怒りはまたたくまに燃え上がる。いかに幸いなことか／主を避けどころとする人はすべて。」

(13) **森有礼**　森有礼とタムソンは森が少辨務使としてワシントン駐在中、タムソンが十三大藩海外視察団通訳兼コンダクターとして訪米した際に面談し旧知であったと思われる。

(14) **嘆願書**　東京基督公会の執事でもあった高橋亨は早速横浜に向かい、葬儀の自由について横浜基督公会の役員と意見を交換し、両教会員名で東京府知事に「願書」を提出することで一致し、押川方義、吉田信好、櫛部漸および北原義道の四人が署名して、一二月一七日に横浜基督公会長老の押川方義と東京基督公会長老の櫛部漸が東京府庁を訪問し係員に「願書」を手渡した。

(15) **判事**　東京上等裁判所五等判事池田彌一。佐賀藩出身、のち東京始審裁判所長を歴任。

(16) 新栄教会史に「一二月二〇日、願書差出セシ件ニ付東京府ヨリ呼出アリ即刻櫛部北原ノ両氏出頭ス時ニ府吏ハ申ス様過般代員等ヨリ出セシ願書其筋ヘ上申致ス上ハ後日難ニ及ヒ候哉モ難計委員等ニ於テ其辺ノ覚悟アルヤ否ト此時両氏ハ直ニ元来代員等ニ於テハ充分覚悟ノ上ニテ出願セシ事ヲ陳述シテ退庁ス」とその後の経緯が記録されているが、キリスト者としての覚悟を示す文章である。

(17) 太平洋郵船のサンフランシスコ・横浜・香港を結ぶ豪華主力客船「ジャパン号」四三五一トンが、一八七四年一二月一七日に横浜と香港間で火災により沈没し、多数の犠牲者を出した事故。

(18) **クラーク**（**Edward Waren Clark, 1849–1907**）　ニューハンプシャー州で牧師の子として生まれ、一八七一年にラトガース大学卒業目前に同窓のグリフィスの斡旋で静岡藩お雇い教師として来日した。熱心なキリスト教信徒で、静岡藩との契約書にキリスト教を説くことを禁じる条項があったため契約破棄を申し出たところ、勝海舟の執り成しでこの条項が削除された。日曜日に自宅となった寺院で聖書研究会を開き、静岡にキリスト教の種を蒔いた。授業では英学一般の他、物理、化学、数学を教えたが幻灯機の使用や化学実験を取り入れた。この静岡時代にサムパッチ仙太郎をコックとして雇った。廃藩置県後、政府お雇いとなり開成学校の教師を務め一八七五年に帰国した。その後、神学校で学び牧師となった。勝海舟の伝記『勝安房、日本のビスマルク』を書き残した。

(19) **新島襄（一八四三—一八九〇）** 一八七四年一一月二六日に一〇年四か月ぶりに帰国した。一二月二七日、主日礼拝の後タムソンは新島襄を自宅に招いた。タムソンは一八七一年六月に十三大藩海外視察団の通訳兼コンダクターとして米欧を訪問し、翌年七月に日本に戻るまで前後二回アメリカにしばらく滞在しているので、そのとき同地で新島と会っていた可能性がある。

(20) **アメリカ公使館通訳官就任** タムソンは長老教会在日ミッションの同僚宣教師と意見を異にし、超教派主義教会を支持したためミッション内で孤立した。そこで在日ミッションの俸給を辞退し、アメリカ公使館の通訳官となって自給宣教師となった。タムソンの祖父や父と同じ教会に所属し聖徒の交わりがあり、またフランクリン大学の大先輩でもあったビンガム公使の支援によるものであった。公使館の通訳になることはすでに触れた通り、本国海外伝道局書記のエリンウッドの承認を得ていた。

一六　新教会堂建設への動き

一八七五年（明治八年）

一月一日（金）

一日中、年始回りの訪問客の応対をした。

一月二日（土）

昨日こちらを「年始回りできなかった」五、六名の訪問客があった。横浜のクリスチャンの何人かは教会事情や、〔日本のプロテスタント諸教派の〕合同がいかに大変かを話した。カロザース氏、ルーミス氏が教会合同に反対だと言っていること、行っていること、さらにたくさんのことを聞かされた。しかし、これらのことに対して私はだんだん関心がなくなってきた。しっかりした信仰をもって、決して私たち自身ではなく完全に主に仕えるなら、どんな弓の達人も私たちを射ることはできないし、どんなライオンも私たちに勝つことはできないだろう。

一月三日（安息日）

今日は「祈禱週間」の初日。一週間のプログラムが発表された。祈禱会は教会で毎日三時半から始まり一時間続く。日本人たちはフォールズ医師の診療所[1]で午後一番に集会を開く。今日の午後は新島〔襄〕が「神はそのひとり子を賜ったほどにこの世を愛してくださった[2]」の御言葉から日本人たちに立派な説教を語った。

一月四日（月）

デビッド、〔駐日アメリカ公使館の〕通訳官としての仕事始め[3]。

一月五日（火）

カロザース夫人の教室〔築地居留地六番の小会堂〕で〔日本長老公会の〕中会とミッション会議。中会は所属する八人の青年が出席、五人がルーミス氏の教会から、三人はカロザース氏の教会からだった。

一月六日（水）

非常に寒い日で風も強かった、高橋〔亨〕は政府の職を去り、今後デビッドの教師になる予定で、可能な限りすべての時間を伝道活動に費やすつもりだ。小川〔義綏〕も同じようにフルタイムで雇用されることが決まっている。私は今朝金銭に執着のない高橋に感動した。彼は二〇ドルの給料をもらうために三〇ドルの給料を辞したのだ(4)。デビッドは日本語祈禱会と外国人の祈禱会に出た。私は後者のみに出席。司式者はヴィーダー博士。デビッドは疲れていて、毎晩頭痛の傾向がある。

一月一一日（月）

今日学校が再開した。かわいそうに水野〔石夫〕はまた重い病気になった。午後私たちは面会するため川の反対側にある彼の家を訪ねた。しかし、水野はその前に駕籠《かご》に乗って病院に担ぎ込まれていた。私たちは病院に行って面会した。彼は移動でひどく疲れていたが、私たちを見て喜んでくれた。枕元に彼の聖書が置かれてあった。彼はデビッドに聖書の慰めの言葉を見つけて、印をつけてほしいと頼んだ。デビッドが彼に話しかけている間、部屋にいる者は皆耳を傾けた。

新島襄
（アメリカ長老教会歴史協会所蔵）

一月一九日（火）

私たちは土曜日に横浜に行き、昨晩遅く（東京の）家に戻った。今朝回覧を届けるために家を出ると、悲しい、実に悲しい知らせが待っていた。そして留守中に皆がどんな様子だったか知らされた。パーム夫人が危篤！　彼らの可愛い赤ちゃんが先週の土曜日に生まれた。私は家まで行ったが彼女に会わないで帰った。私が悲しんだらパーム博士をさらに悲しませるのではと思ったから。会ったとしてもたぶん、彼女は私のことはわからなかっただろう。彼女は一二時に亡くなった。私は二時に再び訪ね、九時過ぎまでそこにいた。他の婦人たちが家に帰った後、私は彼女の最後が穏やかだったこと、彼女が言い残したかったことのすべてを伝えた様子をたっぷりと聞いた。

一月二〇日（水）

パーム夫人は今日の午後横浜〔外国人墓地〕に埋葬された。私たちは悲しみの列車に乗って横浜に向かった。今回で当地に葬られた宣教師は四人目となる。

一月二二日（金）

私たちの身近な人々の中でもう一人が神のもとに召された。私が教えようとした最初の生徒たちの仲間だ。松平〔忠孝〕が亡くなった。(5)ああ、死よ、最近あなたはとても忙しい。しかし、あなたは死への準備のできている人を選んでおられるようだ。次に誰を訪ねるつもりか。私は準備ができているだろうか。

一月二三日（土）

松平の葬儀は今日の午後一時から。彼が天然痘で亡くなったので、デビッドは私が葬儀に出てほしくないと思って一人で行ってしまった。主よ、恐ろしい感染から彼を守ってください。松平の葬儀は神道の一連の儀式と崇拝だった。デビッドと一緒にいた人たちは御札《ふだ》の前で拝むように求められた。しかし、キリスト教の埋葬は断られたが、私たちは死者の霊が御国で無事であってほしいと願う。家扶《かふ》がデビッドのもとにやって来てキリスト教の埋葬が許されなかったことを再度詫びた。デビッドはそうするのが正しかっただろう、と言った。政府が禁止しているのだから家族が古い儀式で行おうと決めたこと。

一月二五日（月）

デビッドは終日ひどく体調がすぐれなかった。彼は昨晩風邪を、つまり松平家の葬儀で引いたか、さもなければ、そんなことは絶対ないと信じたいが天然痘にかかったのかもしれない。天然痘が周囲で荒れ狂っているけど、私たちは祈る、私たちが守られますようにと切に祈る。パーム博士が夫人の記念品を私にくださるため来訪。夫人が生前女性宣教師たち全員にあげるように頼んでいたもの。それは『日毎（*Every Day*）』と題する本で、スコットランドを出発する前にある友人が彼女に贈ったものだった。

一月二六日（火）
デビッドは再びほとんど回復したが、元気が出ない。

一月二七日（水）
ヴィーダー博士とポート氏宛てに日本人礼拝は今後ユニオン・チャーチで行わない旨の覚書を書いた[(6)]。私はとてもうれしい。私たちに関する限り、少なくとも不満はなくなるだろう。主よ、クリスチャンの間でさえも不意に優劣感情が現れます。この偏見から私を解放してください。カロザース氏が夕刻訪ねて来た。自分の本心から出たものであることがわかったが、多くのことを明らかにした。しかし、私たちはこれらのことで少しも心を騒がせない。

一月二八日（木）
水野を見舞いに訪問。S・R・ブラウン博士とお茶をご一緒し、多くの事柄について話した。お役所への嘆願書[(7)]を私たちに読んでくださった。

一月二九日（金）
非常に寒い。また吹雪があった。〔駐日アメリカ公使館の〕スティーブンス氏[(8)]が辞めたので書記官の仕事を頼まれてデビッドはビンガム氏の所から遅く、疲れて帰宅した。

一月三〇日（土）

パーム博士の赤ちゃんが天然痘で昨晩亡くなった。そして横浜に運ばれ、今日の午後に埋葬された。

一月三一日（安息日）

午前中ミス・ヤングマンの学校で安息日学校があった。午後、松平家の指定された所で行われる記念会に向かった。フルベッキ氏はすばらしい説教を行われた(9)。

二月二日（火）

デビッドは午後、日本の政府高官を招いたビンガム氏主催の公式ディナーに出席。そのようなことは疲れるのでデビッドの好みではない。

二月三日（水）

今日〔東京基督公会の〕教会総会があり神を礼拝する礼拝堂建設について相談した。予想に反してすべてが順調にいった。実にうれしい一日だった(10)。

注

（1）**フォールズ医師の診療所**　新教会堂が完成する一八七五年六月一九日まで、礼拝は南小田原町三丁目一〇番の西洋長屋や南小田原町四丁目八番のフォールズが開業する築地病院の一室を借りて行われていた。

（2）**新島襄の説教**　タムソンは、前年末に帰国して間もない新島を自宅に招待し、そのとき翌一八七五年一月三日の東京基督公会の初週礼拝での説教を依頼した。新島は快く引き受けて当日、ヨハネによる福音書第三章一五、一六節を講じ教会員に感動を与えた。

（3）駐日アメリカ公使館は築地居留地一、二、三、二一および二二番を占めていたが、タムソン夫妻の住まいとは目と鼻の先であった。

（4）高橋亨（安川亨）は当時司法省判任官十等出仕として明治政府に仕えていた。月俸は四〇円でかなり余裕のある生活ができた。当時の巡査は月俸六円、小学校校長も一〇円程度であった。こうした高橋であったが、二月にカロザースの東京第一長老教会に戸田忠厚ら東京基督公会員七名とともに転会した。新島襄から教派主義の重要性を聴いての転会であったと言われている。

（5）**松平忠孝の死去**　彼は信濃国上田藩の最後の藩主松平忠礼の弟で、メアリーの最初期の英語クラスの教え子であった。彼女の悲しみは大きかった。

（6）松平忠孝が流行性感染症の天然痘で亡くなったことから、東京基督公会が礼拝に借りていたユニオン・チャーチの使用を役員から断られていた。メアリーはこうしたクリスチャンらしからぬ偏見に憤りを覚えていたことから、今後使用しないことにかえって安らぎを感じた。

（7）**役所への嘆願書**　ここでは何を指しているかは不明。

（8）**スティーブンス（Durham White Stevens, 1851-1908）**　アメリカ公使館書記官。メアリーは彼が書記官を辞めたと言っているが、彼は一八八三年まで在職し、その後井上馨の招聘で外務省の条約改正チームで働き、さらに伊藤博文のもと韓国総督府で活躍した。

(9) 松平忠孝や兄の松平忠礼らは幕末に長崎に遊学し、フルベッキのもとで英学の指導を受けていた。この縁がありフルベッキは松平の記念集会に出席したと思われる。

(10) 築地雑居地の南小田原町三丁目と居留地に架かる新栄橋のたもとに新教会堂の建設が決まった。新教会堂の完成（六月一九日に献堂式実施）後、東京基督公会から「新栄橋教会」に教会の名称変更が行われた。

タムソン夫妻
（長老教会歴史協会所蔵）

一七　東京基督公会の変化の兆し

一八七五年（明治八年）

三月八日（月）

毎日の出来事を書き留めていたが中断してしまった。じっと横になり、悲しみに耐え、時が来るのを待ち続けた。そして本では学べない学びの期間を過ごした。今日、私は〔今年〕初めて学校に行った。日本人教会の建築作業が着々と進んでいる。すでに八〇〇ドル集まり、土地の賃借りもできた。その場所はこの家の北のオープン・スペースだ。そして大工は仕事に忙しい。デビッドはまた漆にかぶれてしまった（ウルシ中毒：毒漆の樹液が日本漆の原料になっている）。彼の顔はひどく腫れており、とても痛々しい。

三月一二日（金）

デビッドの顔の状態は以前よりずっと良くなった。しかし彼の両手がひどく痛む。私たちは敷地に小さな住む家を建てて、借家に払っていたお金を節約して、もっと必要な目的のために使おうと思っている。

三月一三日（土）

デビッドは、明日横浜で説教するため午後に出かけた。奇妙な憂鬱と寂しさがどこもかしこも支配している。私はレインコートを着て散歩しようと外出した、というのもすべてが私に同情しているように思えたから。われわれの祈禱会は、いつもの通り日本語で行われ、二川《ふたがわ》〔一騰《いっとう》〕が[1]司会した。ドアに施錠した。私は独り神と共にある、重荷を負ったハートを神の前に差し出しながら。

三月一四日（安息日）

空は暗くて雨模様。私は今朝教会にも安息日学校にも行きたくないと思った。今にも開花すると自分なりに考えていたいくつかの約束のつぼみが萎《しお》れてしまったことにとても悲しい気持ちだ。誰にも会いたくない。たくさんの涙を流した。祈って、たくさん聖書を読もうとした。「日本人礼拝も休んで家にいよう。行ったとしても、あの狭い部屋の中に私が座る場所はないだろう」と考えた。夕食後、再び跪いて恵みと力を与えてくださいと祈り、また私の意志を神の御意志に完全に服従することができるよう、そして主にある喜びと楽しみを求めて祈ったとき、次のような御言葉が与えられた。あなたは自分のことしか考えていない。立ち上がりなさい、そして自分ができることで、なすべきことをしなさい、そうしたらその中に祝福を見いだすだろう。デビッドが出かけて行っていないときは、日本人礼拝で賛美のお手伝いをしなさい。私は直ちに立ち上がり、衣服を着て、出かけた。このような手立てで、心に抱いていた憂鬱な気持ちは消えていった。神の方法は常に正しい。私たちはいつも、私はいつも弱い存在で罪に汚れている。私は明日デビッドに会うのが恐ろしい気がした。私は悲しい顔で、声はつまるだろう。彼はきっとその理由を聞くだろう、そして私は泣き出してしまうだろう。しかし、今私の心は平安になった。そして明るい気持ちで会うことができる。時が来たら、彼にはすべてを話そうと思う。

三月一五日（月）

デビッドが今朝戻った。そして彼が帰ったとたん、家のすべての家具は命を吹き返した。私は二川と所定の時間日本語の学びをした。私はまた学校でのバイブルクラスを「使徒の働き」から始めた。二川と私は毎日の聖書日課を翻訳し、デビッドが訂正する。今日父から手紙と花の種子が入った小包が届いた。

三月一九日（金）

愛する夫に昨晩すべてのことを話した。彼の真の愛情！　神が彼を千倍にも祝福してくださるように。彼は、明らかに天の父からの贈り物をすぐにうれしそうに受け入れ、最高のものとして受けとめる。私の心のうちをすべて明け渡すために、さしあたり古い胸の重苦しさ、がっかりしたことをさらけ出した。しかし、今朝それは平和で喜びの果実をつけた。毎朝一時間の間、八時から九時、デビッドがバイブルクラスを教えている間、私はこの時間を自身の個人的デボーションに充てている。私は順を追って詩編を読んでいて、その豊かな意味を深く学んでいる。これは徐々に喜びになっている。

三月二一日（安息日）

私は今日カロザース氏が説教する礼拝に出席した。[2] 機会がある今、他の宣教師たちの礼拝に出たいと思っている。私たちの礼拝所は狭すぎて私が席に座ると日本人の誰かが座れないことになってしまう。カロザース氏は五人に洗礼を授けた。私が家に戻ったとき留守にしていたので申し訳ない気持ちだった。というのも松平家の奥様とタケヨ〔竹尾忠男[3]〕の妻〔竹尾千代〕も教会に出ていて、終わってから私に会いたがっていたから。ギリシャ正教の二人の日本人会員がクリスチャンの埋葬のことでデビッドに面会に来た。デビッドは説教の翌日、二四日に私がデビッドと一緒に松平家に伺いますと約束しなければならなかった。

三月二四日（水）

午後〔松平家に〕説教に行けるよう午前中に教えた。松平家に伺うと松平家の小さなお嬢様が温かく私たちを迎えて、チョコレートとケーキでもてなしてくれた。午後の〔忠孝氏の〕記念会でデビッドは参列者たちに、「キリスト、『乾ききった地の大きな岩陰のようになる』」について説教をした。参列者は多くなかったが皆静まってデビッドに聴き入った。帰り道の途中人力車の車夫を見失い、それで長い道のりを歩いて帰った。しかし、私たちは気楽にとらえ、いくつかのお店をのぞいてみた。酔っ払いの兵卒がデビッドにつかつかと近寄って来て馬鹿げた話を始めた。明らかに殴り合いをしたい様子だった。彼はその気がある証拠に刀に手をかけて威嚇した。私は怖さのあまり先に進むことができなかった。かつて一回だけ横浜で、デビッドがちょうどそのような酔っ払いの輩に石を投げられ、倒されたことがあった。私たちが今日トラブルに巻き込まれてしまったとしても、群衆が私たちを取り囲み、一部始終を見ていても誰も手をあげて助けくれなかっただろう。その当時日本人はそのような国民だった(4)。

三月二五日（木）

今日、日本人教会の総会が開かれた。二人の執事と一人の長老が選ばれた(5)。

三月二八日（安息日）

ある医師が今日洗礼を受けた。(6) 来週の安息日が正規の聖餐式安息日だが、この男性は政府により九州に転勤し二年間は留まるよう命令を受けている。それでしばらく前から洗礼を志願していたが、辞令を受けたので洗礼を受けて東京を離れたいと願ったのであった。

三月三一日（水）

今日、私たちの学校で試験を行った。ヘボン博士と〔D・C・〕グリーン氏が横浜から上京してお世話をしてくださった。(7) 生徒たちは皆よくやった、と出席者は誰もが思った。そして、もちろん私たちも彼らのことを誇りに思った。私が教えた歴史、文法、地理、そして朗読のクラスの生徒も皆私を満足させた。ヘボン博士が彼らの聖書知識を試験した。

四月三日（土）

今日はすべての公立学校が休日である。(8) 私たちが通りを通過すると、かかとの所で刀をちらつかせる酔っ払い兵士たちで混雑していた。私は本当に恐怖を感じた。しかし人力車に乗っているので安全なようだった。

四月四日（聖餐式安息日）

今日、六人が洗礼を受けた。部屋はとても混んでいたので、私は席を日本人に譲って退席しなければならなかった。

四月五日（月）

私たちは月例の宣教師会議に直接出席した。デビッドが翻訳した創世記と出エジプト記の訳文をできるだけ速やかに印刷することが決まった。今日、日本人教会の骨組みが組まれた。

四月六日（火）

中会とミッション会議が今日行われた。ミラー氏が辞表を提出し、(9)受理された。会議はデビッドの通訳職を受諾することを不可とすることに言及した。これを投票したのはヘボン博士とカロザース氏だけであった。

四月一一日（安息日）

仕事と礼拝の楽しい一日。自分の娘を卑しい職業に売り払おうと目論んだある女を小川〔義綏〕が教会に連れて来た。

注

（1） 二川一騰（一八四五―一九三〇） 筑前国怡土《いと》郡大入村浄土真宗西方寺の住職の長男として生まれた。

真宗僧侶となるための修行をしたが、これを嫌って青年期に神戸に出て勝海舟の「海軍塾」で学び、ここで排耶論を知り共鳴し敵であるキリスト教を知るため長崎に出て、カトリック神父のプティジャンのもとで研究を始めた。その後イギリス駐長崎領事の書生となりここでイギリス国教会宣教師のエンソルと出会い、日本語教師に採用され彼の家に寄宿した。当時手に入る漢訳聖教書類を読破し、やがて排耶論から一転し一八六九年一二月エンソルから受洗した。ところがこれが官憲に知られ翌年三月結婚翌日に捕縛され、福岡から東京に護送され一八七三年八月まで二年半余り獄中にあった。釈放後函館で伝道したのち上京し一八七五年三月に東京基督公会に入会し、長老に選ばれ教会運営に活躍したが、翌年粟津高明が民族主義をかざして新栄橋教会を脱会し日本公会を創立するとこれに加わり教会を離れた。その後粟津とも別れ銀座教会（日本独立長老教会の後身）さらに日本正教会に転会し、住居も熊本、唐津、東京と転々とし思想も行動も安定しなかったが、日本新字論を説いたことでも知られ、古今東西豊富な知識の持ち主であった。

（2）メアリーが、カロザースの牧会する東京第一長老教会の礼拝に関心をもって出席したことや開会式に顔を出していたことは、この日記で初めて明らかになった。タムソンが牧会する東京基督公会と東京第一長老教会は超教派主義と教派主義を巡って対立していたことから、相互の交流はないものと思われていた。

（3）**竹尾忠男**（一八五一―一九二一）　幼名を録郎と称し、幕臣竹尾忠礼・ひさの子として江戸で生まれた。維新後徳川家とともに静岡に移住し、静岡学問所の五等教授となり漢学を教えた。その後横浜に出て英学修行の過程でキリスト教に出会い、一八七二年三月一〇日にJ・H・バラから受洗し、横浜基督公会の創立メンバーの一人となった。ほどなく東京に戻り、一八七五年三月に東京基督公会に転会した。妻の千代も同年九月にタムソンから受洗し同公会員となった。竹尾は一八七七年に内務省勧農局に出仕し、一八八一年農商務省の創設に伴い農務局の勤務となった。宣教師からの信任厚く、長老教会在日ミッションの財産管理人を委託され、白金の明治学院および麴町の女子学院の土地の登記名義人となった。役所では『農業雑記』の編輯人を務めた。のち宮城県庁、山形県庁に幹部職員として出向した。山形では六日町教会に所属し役員を務めた。

（4）この頃軍規は定められていなかったことから、攘夷思想を抱く下級兵士による外国人への挑発的嫌がらせは頻繁に起こっていた。フルベッキは公務の移動時は護衛がついていたが、個人で行動した際に何度か命の危険に晒され以後ピストルを携帯していた。一般民衆にも攘夷思想が少なからずあり、この文章はメアリーが当時の日本人（東京人）に抱いていた素直な気持ちである。

（5）この日の選挙で長老に二川一騰、執事に櫛部漸、北原義道、書記に竹尾忠男が当選した。

（6）**ある医師**　重地正巳。当時、陸軍三等軍医。脚気について麦飯が予防として効果があることを、統計を示して軍医部上層に提言したことで知られる。

（7）タムソンが開いていたバイブルクラスに対し、彼の超教派主義に批判的なヘボンおよび他教派であるアメリカン・ボード宣教師のD・C・グリーンが応援したことは、この日記で初めて明らかにされたが、当時の宣教師同士の交流の実態がわかり貴重な証言である。

（8）神武天皇崩御の日とされ、一八七〇（明治三）年から祭日に制定された。

（9）ミラーは一八七三年七月一〇日にアメリカ・オランダ改革教会女性宣教師のメアリー・エディ・キダーとS・R・ブラウンの司式で結婚式を挙げたが、本来教派の異なる宣教師同士が結婚した場合は、男性の所属する教派に女性側が転籍するルールであったが、キダーは自身が所属する改革教会で女子教育（現・フェリス女学院）を継続することを望んだことから、ミラーが転籍することで長老教会在日ミッションの承認を得た。

一八　東京基督公会から新栄橋教会へ改称

一八七五年（明治八年）

四月一二日（月）

大工たちが今日教会に屋根を乗せる仕事をしている。そして私は建物を見ていると、これほど気持ちのいい光景はないと思う。

四月一七日（土）

今日は結婚してから最初の誕生日、そしてあの人はなんと優しい愛に満ちた人か。一つひとつの小さなこと、大きな苦労、そして十字架、そして私たちの欠点、結局は私の欠点はいつも私たちの関係を親密にしてくれる。私の独身時代にはあのような完璧で優しい愛情と喜びがあろうとは夢にも思わなかった。それがため私は恵み深い主を賛美する。一日の多くの時間は家事で忙しい。しかし、四時頃私たちは楽しい散歩に出かけた。デビッドは私に立派なプレゼントをくれることを考えていた。しかし、軽い財布なのだから、私はそれはいけませんと言った。奥野と二川〔一騰〕がお茶に来た。あのお爺さん〔奥野昌綱〕の話術と立ち振る舞いのパワーは魅力的だ。私はこの日から主に捧げ切った生涯を送れるように願い、そして祈る！　これまで以上に真の妻、優しく、そしてもっと忍耐強くありたいと憧れる！　私の純粋で高貴な主人のために、家庭をいつも明るく、幸せにしたいと切望する。

四月一八日（安息日）

奥野が今朝安息日学校に来た。そして私はクラスの生徒たちにそのまま残るように伝え、彼が話すのを聞かせた。彼の話術はすばらしい。話し終わったとき、かなりの人たちが泣いていた。中にはクリスチャンでない人たちも泣いていた。

四月二〇日（火）

学びはとても楽しい時間。私は日本の歴史を学び始める予定で、この国の詩歌や仏教も学習したいと思う。これら最後の二つは二川がとても上手に教えることができる。彼は刑務所にいたとき、たくさんの詩歌を作って政府の役人に捧げた。

四月二五日（安息日）

教会の婦人たちは私のことを彼女たちの専属だと思い始めている。彼女たちは、礼拝後いつも私の所に来て話しかけることを忘れない。

四月二七日（火）
私が日本の海岸に着いてから今日で二年経った。やり遂げたことがほとんどないのは反省している。日本語が上手に話せないのも残念だ。しかし、自分自身と自分の失敗を除いた場面ではなんと多くの祝福をいただいていることか！　そして私たちは静かに喜び祝った。

四月二八日（水）
家にあった大型ついたてをミス・ヤングマンに譲った。私はそのお金を結婚記念日にデビッドをびっくりさせるために使うつもりだ。

五月一日（土）
わが家の建築案がほとんど決まったようだ。今日の午後、デビッドが教会堂の募金集めに出かけた間、私は結婚記念日にデビッドにあげる買い物をした。教会用地を共同で借り、会堂建築に責任をもつ浅草の男性(1)が明日税官吏に出頭するよう呼び出しを受けた。しかし、神は私たちの避けどころ、私たちの力。そして私たちはお役人の顔つきを恐れる必要はない。そして、私たちは祈る、あなたの僕《しもべ》たちが思い切って大胆に真実を語ることができるようにしてください。

五月二日（安息日）

ツヅキ〔鈴木始三郎〕と他の者たちが教会、その設立目的等に関する供述書を税官吏に提出するよう要求があった。

五月七日（金）

昨夜、私は考えごとが多すぎてよく眠ることができなかった。去年の今日、神と多くの友人の前で私たちは結婚し、私の胸はあの日に神から賜った最高の贈りものに、言葉にならない感謝でいっぱいだ。今朝、デビッドが階下で生徒たちに教えていたとき、私は彼の新しい書斎椅子を取り出して机の前に置き、椅子の前には新しいスリッパ、そしてその上にいろいろの小さな贈りものを並べた。それからおアイがミス・ヤングマンのもとから可愛い白い花のリースを届けてくれ、それを椅子の上に置いた。すべての準備ができたところで、私は昔あつらえた黄色い高価なリンネルのドレスを着ようとそこを出た。このサプライズに彼の驚きようはとても面白かった。そして彼はとても喜んでいるときには、多くを語らない。次にミス・ヤングマンとおチカ(2)がたくさんの花をもって訪ねてきたが、置く場所がまだ見つかっていない。

学校全体の子どもたちが可愛いドレスを着て引率されて来るはずであったが、がっかりしたことには雨でそれができなかった。そこで、ミス・ヤングマンは人力車を雇って子どもたちを連れてきた。私たちは雨の中、人力車に乗って静かに美しい王子へと向かった。帰り道、デビッドに頭痛が起こり、嵐がひどくなったので計画したようにミス・ヤングマン宅のお茶に行くことはできないと考えた。かわいそうに子どもたちは私たちのために一日中待たせられた。そして疑いもなく彼女らの落胆は小さくなかった。六時頃、彼女らから二七通の手紙の入った小包が届けられた。何通かは英語で、そして何通かは日本語で会えなくて残念だったこと、〔結婚〕記念日おめでとうと書いてあった。そして、概して言えばお祝いは私たち二人にとって幸せな気持ちにさせてくれた。たくさん心で決心したことがある。今日の喜びが深く、完璧であったがゆえに私の失敗の数々を思い出させたからだ。この一年には肉体的苦痛や落胆もあった。そして私たち二人は去年の同じ時期に独り立ちしたように二人で力を合わせて立っている。どれくらいお互いに成長したか、私の心は語る言葉が見つからない。

六月一〇日（木）

今日は、ユニオン・チャーチに最後の会堂使用料を支払った。これですべての精算は完了したと思う。

六月一四日（月）

私たちの教会の献堂式が近づいたので、しばらく挨拶回りをした。

六月一八日（金）

教会堂に畳を入れた。(3) 壁に時計をかけ、説教台を並べた。あとは明日の朝生け花を飾るだけで、今晩の仕事はほとんど終わった。主がそこを住まいとしてお認めになり、天より降り、そこに宿りませ。そして、あなたの愛をもって私たちと教会員の心を満たしてください。そうすれば私たちは真実において一つとなるでしょう。

六月一九日（土）

朝のうちは曇っていたが、午後からは快適な好い天気になり、献堂式は集まった客で会堂がいっぱいになった。(4) ごく一部の例外を除けば、江戸（東京）に住むすべての宣教師が出席した。また、捧げものを持参した人たちもあり、教会にとっては時宜を得た助けとなった。厳粛で興味深いときを心情的に理解する人たちにとっては、優しさと思いやりがいっぱいの一日だった。

七月六日（火）

昨晩ビンガム公使邸で開かれた大きなパーティに出席した。素敵な照明が目に美しかった。また、花、蔦とシダの植物の室内飾りつけはとても見事だった。何人かの淑女たちのドレスも豪華だった。しかし、そのような場所に行くのが義務となったら、いつも苦痛に感じるだろう。何人か日本政府の高官も出席していた。これらの人々の接待にデビッドは忙殺されていた。いろいろの国籍の賓客が入り交じっているパーティだった。嵐のため何人かは出席できなかった模様。

七月一〇日（土）

今日は横浜にある日本人教会の美しい新会堂の献堂式に出席した。(5)

七月一六日（金）

今朝、わが家の新しいお手伝いさんが、私たちが起きて活動する前にやってきた。何かと彼女に教えることが煩わしいというより面白い。彼女は外国人の生活はまったく知らないし、献立や調理の仕方、食事の方法など何も知らない。おまけに、私に慣れていた前の年配のお手伝いさんたちとは違い、私が話すことは皆目理解できない。わが家を建てている大工がその親戚の若い子を連れてきて、私たちは試しに雇ってみることになった。彼女の父親が娘をある男性のお妾さんにすると脅していた。この罪と恥からこの娘を救うためには、私たちは彼女を引き取るしかないと考えて、今はこれら二人〔父娘〕のために祈らなければならない。そうしなければ、どうして彼ら二人が良き僕になることができるだろうか。

七月三一日（土）

内装がまだ終わっていない新居に今日引っ越してきた。[6] 夕方になるまで日差しが強烈だった。それから恵みの雨が地面を叩きつけるように降り、涼しくなってさわやかになり、わが家の水瓶をいっぱいにしてくれた。

九月八日（水）

婚約して二年目の記念日。直近の三週間体調がすぐれなかった。この一年間でも二回痛みがあり、挫折感に襲われた。[7] しかし、主はどの道を選んだら永遠の安らぎにたどり着けるかご存知だ。

一二月一一日（土）

大きな行事もなく、さらに一か月過ぎた。しかし、われわれの心底にある心の遍歴が仮に自分ではっきりと理解できるなら、それはどんなにすばらしいことだろう。私は町の異なる地区に住む教会員の家庭で土曜日の午後に婦人のための集会を始めた。神さま、心配で心が震えていました。しかし、困ったときには主が助けてくださる。私は、ただ主を信頼し、前に向かってだけ進むことができますように。すでに三回の婦人会の集まりをもった。一か月に一回の土曜日は、私は予定を入れないで空けている。一一月二九日、皇后陛下は自らの手で女性のための新しいカレッジを開校された。[8] デビッドはすべての学課に目を通して満足した。〔この女子カレッジが〕女性宣教師が教える女学校にどんな影響を及ぼすか私たちにはわからない。先月、横浜と東京在住の女性宣教師会議がミス・ヤングマン宅で開催された。会議を三か月に一回、横浜と東京で交互に開く提案がなされた。

一二月二二日（水）

デビッドは一二月二〇日に、以前わが家に二度ほど顔を見せたことがある日本人で、キリスト教について教えてもらいたい、また国元に四〇人の仲間がおり教師を探していると作り話をした男に二五ドル貸した。だが、彼は窃盗犯で、その結果は私たちが尻拭いをすることになった。

注

（1）**浅草の男性**　東京基督公会の新会堂建築委員の鈴木始三郎のこと。

（2）**おチカ**　桜井ちか（一八五五―一九二八）のこと。江戸日本橋の将軍家御用商人平野与十郎の長女として生まれた。幕府の瓦解とともに窮乏生活を強いられた。一七歳で海軍士官の桜井昭悳《あきのり》と結婚したが、夫が航海で留守がちなため英語の学習を始め、カロザース夫人およびメアリーから直接英語を学んだ。一八七五年七月四日にタムソンから受洗し新栄橋教会員となった。その後横浜の共立女学校（現・横浜共立学園）で学び、二三歳のときに東京麴町に桜井女学校を創立した。夫の桜井昭悳も妻の感化でタムソンから受洗し海軍士官を辞め教職者となった。一八八一年に函館赴任となったため、ちかは桜井女学校を矢島楫子《かじこ》に託して渡道し函館女子師範学校教諭となった。以後大阪一致女学校（現・大阪女学院）

主幹、アメリカへの教育視察を経て、本郷に桜井女塾（のち桜井女子英学塾）を創立した。

（3）**教会堂に畳**　明治も一〇年代頃までは畳敷きの教会堂が一般的であったようである。

（4）**献堂式**　新会堂の建築献金は日本人信徒四五名、外国人一五名から合わせて九二四円五〇銭が集まった。一八七五年六月一九日に築地雑居地の南小田原町三丁目の新栄橋たもとに、石と煉瓦造りの三〇〇名を収容する堂々とした教会堂が建った。名建築と言われながら設計者が不明であり、写真も残されていないのが残念である。教会堂の完成後、日本基督一致教会の東京で開かれる大きな行事はほとんどこの教会堂で行われることになった。当日午後二時から奉堂式（献堂式）が挙行された。式典には二五〇名が出席し、ルーミスの開会祈禱、小川義綏の詩第一二二編朗読と奉堂の祈り、フルベッキの希伯來書（ヘブライ人への手紙）第一三章八節を題とした説教、J・H・バラの三要文の終わりの二条と三条朗読、奥野昌綱の日本基督公会の創立来歴紹介、タムソンの詩第一二二編の講義そしてS・R・ブラウンによる祝禱をもって閉会した。教会日誌には記載がないがおそらくヤングマンの女学校生徒によって讃美歌が歌われたと思われる。新教会堂は外国人からの寄付にも依ったが、日本人信徒が自らの献金によって献堂したプロテスタント教会最初の礼拝堂となった。九月八日の総会で教会名を「新栄橋教会」と決定した。

（5）**横浜海岸教会献堂式**　一八七五年七月一〇日、横浜基督公会の新会堂が横浜居留地一七六番に完成し奉堂式が行われた。タムソンをはじめ東京基督公会から長老小川義綏、執事北原義道ほか教会員一〇名が出席した。この日をもって横浜基督公会は「海岸教会」と称した。また当日公会会議があり、弘前に支会を設立することと長老に本多庸一が就任することが承認された。

（6）外国人登録（Japan Directory）の一八七六年版ではU. S. Legationとあり、一八七七年版には南小田原町三丁目とあるので、この新居はどこなのか特定できない。ちなみに一八七八年版では築地居留地三三番となっている。

（7）メアリーはこの日記では具体的に書いていないが、アルトハウス女史は「過去二回の痛み」は流産を指していると指摘している。確かにその後の文章で「挫折を感じた」としている点からもそう思われる。

（8）皇后（のちの昭憲皇太后）が御内庫金五千円を下賜され、この資金をもとに東京女子師範学校（現・お茶の水女子大学）が創立された。当日皇后は開校式に行啓された。

【編者解説】

この年の九月八日に教会の第二回総会が新教会堂で開催され、席上二つの大きな議題がのぼった。一つは教会の名称で、従来教会は東京基督公会あるいは東京公会と称していたが、新教会堂完成を機に信徒間に教会の名称を改めてはどうかという声が高まっていた。この件は、その後どのような手続きが行われたか不明であるが、教会堂の建った場所に因んで「新栄橋教会」あるいは「新栄橋公会」と命名された。これは去る七月一〇日に横浜基督公会が新会堂完成を機に、「海岸教会」と改称したことに連動したものと思われる。

もう一つは教会の長老および役員選挙における女性信徒の投票権についてであった。当時女性信徒には選挙権も被選挙権も与えられていなかった。長老の一人であった二川一騰は「今日を以て之を量れば男の知量女に過ぐる事一等、ゆえに若し婦人を関せしむる時は（入札投票に）恐らく事を過らん」と持論を主張し反対したが、タムソンは、女性投票権は自然の権利であると教会員に説明を行った。会議は甲論乙駁ののち採決が行われ、女性の投票権が認められた。これは当時の日本のあらゆる組織で初めて女性の参政権を認めた画期的な「出来事」であった。ただし、女性の教会役員選出の被選挙権の獲得まではもうしばらく時間を要した。

一九　長老教会東京宣教区の再編

一八七六年（明治九年）

一月一日（土）

デビッドはミカドに敬意を表するために出かけた。家に残った私は新年の訪問客にそなえて盛装した。これは私にとっては重荷だ。私たちは今朝お祈りを急いで済ませなければならなかった。この一日をそのように費やしたくないものだ。しなければならないことが目の前に山積みになっている。

一月三日（月）

午後三時に新年祈禱週間の初日に出かけた。そして、それは恵まれたいい集会だった。

一月四日（火）

ミッション会議と中会が開かれた。カロザース氏は、耶蘇《やそ》という言葉に関して自分の意に反して訳語が決定されたことを理由に宣教師辞任願を提出した。(1) この結果はどうなるのだろう。

一月二一日（金）

またミス・ヤングマンと厄介な話になってしまった。とっくの昔にあの話は終わっていると思っていた。なるべく早いうちに女学校から手を引きたい。(2) 他にやるべきことがあるのに、できていないことがたくさんある。

一月二四日（月）

二川〔一騰〕は私たち二人に、パイパー氏と彼の話の中でアメリカ聖公会のために来て働くように説得されていると話した。私は、彼のもつ遠からずしてすべての日本人クリスチャンが合同することは実行不可能とする考えに、あまりにも〔強く反対意見を〕言いすぎてしまったのではないかと心配している。

二月一八日（金）

今日学校に行ってみたらイクが昨日家に連れていかれて、たぶん戻らないことを知った。彼女の父親の振る舞いと家の事情が彼女にとって非常につらいものとなっている。それに父親はキリスト教を嫌悪している。〔自分が女学校を辞めても〕たぶんミス・ギューリック[3]がやって来てミス・ヤングマンを助けてくれるだろう。もし彼女が来てくれたら一安心なのだが。

三月二日（木）

最近、体調がすぐれない。動くのもつらい。絶えず心が平安で、感謝することができるよう祈っている[4]（メアリーは妊娠第一期目にあるが、日記の中で妊娠について直接の記述はしていない）。

三月一二日（安息日）

今日八人が洗礼を受けた。今朝は〔体調が悪く〕外出できなかったが、安息日学校の生徒が私の所にやって来たので私が話をした。ミス・ヤングマンは礼拝が終わってから会いに来た。残念だ、心底後悔している。彼女が現れたのですっかり油断してしまったに違いない。また彼女と無駄な罪深い話をしてしまったとは。どんなに真実であっても言ってはいけないことを言ってしまった。これからは主の助けで丸く収めるように前進しよう。学校での私たちの関係がもうすぐ終わることをとても感謝している。だから、誘惑から遠く離れることができるだろう。彼女には愛のうちに真実を語らないで、申し訳なかったと謝ろう。

三月一三日（月）

今日、日本政府から出た官報をどんなに喜んだことか。四月の初日をもってキリスト教の安息日が日本の休日とみなされることになった(5)。

三月一五日（水）

この日をもって女学校でミス・ヤングマンと過ごす最後の授業を行った(6)。ミス・ギューリックは常勤の教師となり、いつでも教える準備ができている。私が教えていたクラスの現状を十分に説明し、子どもたちのことを二人に任せた。私は子どもたちの見せてくれた愛情、特に年長の子どもたちに感動した。彼らとの別れは心から残念な気持ちがなくもなかったが、学校から離れて自由の身になることに心からほっとする。

三月二九日（水）

カロザース氏の辞任願が海外伝道局によって受理された。誰もがカロザース夫人のことを気の毒に思っているようだ。彼女は限りない愛情を注いでいた学校を去らなければならないだろう。デビッドは私たちの弱さ、愛の足らなさにうめき声をあげながら行ったり来たり歩き回っている。主よ、われらがミッションを祝福し、その一人ひとりに健康な体と魂を与えてください。ルーミス氏が体調不良のため帰国しなければならない。

四月一八日（火）

昨日は私の誕生日だった。しかし、その日は一日中そのことを思い出せなかった。最近教会で起きた悲しい困惑するような事柄で頭がいっぱいだった。粟津〔高明〕が教会の規則を破り何もかも混乱させせようとしている！　二川の陰謀、欺瞞そして不誠実。神様、この教会をしっかりとした土台の上に確立するために道を開き、その方法をお示しください(7)。そしてこんなにも頻繁にふるいにかけなくても済むように教会から悪を取り除いてください。デビッドは今月の一〇日に二川をデビッドの仕事から解雇した。〔カロザース夫人の〕女学校はすべてO・M・グリーン氏の教会〔東京第一長老教会から築地六番長老教会へ改名〕に移管された。

五月七日（安息日）

今日は私たちの二回目の結婚記念日。今のところ、日常生活で痛みと不安があるが、いよいよ愛する主の存在が現実のものとなり、もしかしたらこの苦しみも喜びに生まれ変わるのかもしれないという希望と約束を与えてくださる。

五月二三日（火）

カロザース夫人は一週間以上わが家にいるが、原〔胤昭〕氏の女学校に彼女の部屋が準備できるまでここで過ごす予定だ。カロザース氏は広島で仕事を始めた(8)。

六月一七日(土)

横浜に三日間滞在した後、今日の夕方わが家に戻った。訪ねたいと思っていた人々を訪ねて、心から満足して帰宅した。いつまた皆に会えるかわからない。私は親愛なる友人たちをどんなに愛していることか、そして彼らはどんなに気持ちよく私をもてなしてくれたことか。

一〇月一九日(木)

できる範囲ですっかり家のことを片づけた。そして私は神からの贈りものを待つ。私は神を信頼し、愛し、キリストにあって信じ、すべてを主に委ねるなら、主は私の心の願いを叶えてくださらないことがあろうか。主の確かな御言葉がそう語っている。私の胸の内は平安だ。私の愛する夫にとってもすべてうまくゆくだろう(9)。

一八七七年(明治一〇年)

三月二三日(金)

〔昨年〕一一月二日、主からの高価で尊い贈りもの、私たちの愛しい娘〔長女ルース〕が誕生した。あのときから今までにどんなに思い煩ったことか。心配が時々私の上に重くのしかかった。主イエスが私に教えようとなさっていることを私は知っている。「思い煩いは、何もかも神におまかせなさい。神が、あなたがたのことを心にかけていてくださるからです（ペトロの手紙一第五章七節）」。この教えは簡単に学べるように見える。部分的に暗記してわかっていたが、自分の愚かな心がすぐに忘れてしまう。私に必要なこの教えを何度でも繰り返し与えてくださる主はなんと恵み深いお方だろう！

〔以後一年近く空白〕

一八七八年（明治一一年）

二月八日（金）

再び私は主がくださる贈りもの、命か、あるいは死、喜びか、あるいは悲しみか、長く続く苦しみ、あるいは突然来る安堵の気持ちなのかを待っている。私はルース〔長女〕のことについては心配しないで、静かに信じて疑わない心を与えてくださいと祈る。私たちの愛である天の父は私たちを祝福し、万事が益となるようにともに働かせてくださるだろう。

四月一日（月）

二月八日の夜一一時に、私たちの二人目の愛しい娘が誕生した[10]。そして私の日常は主にこれら小さな子どもたちの世話で手いっぱいになった。二つの魂を神に向かうよう訓練するのは決して簡単な仕事ではないと思う。子どもたちの体の世話にしても、あるいは心を教えることにおいても簡単に過ちを犯してしまうことがある。いつでも聖霊によって導かれることがいかに大切なことか。私は今ほどいかに完全に神に頼っているかを切実に感じたことはなかった。神は溢れるばかりに私を祝福してくださった。それなのに少しばかりの逆境が起こると、私の心はいとも簡単に反旗を翻してしまった。

タムソン家三姉妹
左から二女マミー、長女ルース、三女グレース
（アメリカ長老教会歴史協会所蔵）

注

（1）一八七六年一月四日に長老教会在日ミッションの中会が開かれ、席上「イエス」の日本語訳をめぐり、カロザースは「ヤソ」（耶蘇）のみを正式表記として譲らず、「イエス」および「ヤソ」どちらでも可とする他のメンバーの意見を排撃した。しかし会議ではカロザースの主張を斥けたため、彼はこれを不服として在日ミッション辞任をほのめかした。それまでカロザースについては諸々の案件で他のメンバーと衝突が多かったこともあり、彼の辞任申し出は歓迎され、ヘボンらから海外伝道局に報告が上がり折り返し三月二二日付で辞任承認の通知が在日ミッションに届き、四月四日に開かれた宣教師会議で正式に辞任の確認が行われた。

（2）すでに触れたが、メアリーはヤングマン、ガンブルとともに築地居留地六番B棟に一八七四年一月、築地女子寄宿学校（通称B六番女学校）The Girls Boarding School を開校し自ら校長となったが、同年五月にタムソンと結婚したため、東京基督公会での奉仕およびタムソン塾指導に軸足を移し、ヤングマンに校長職を譲っていた。その後ガンブルがヤングマンと衝突してカロザース夫人の長老教会女学校（通称A六番女学校）Presbyterian Mission Female Seminary に移ったため、ヤングマンのワンマン的運営が行われていた。こうしたこともあり、メアリーは女学校に関しヤングマンとの関わりを早く切りたいと望むようになった。

（3）**ミス・ギューリック（Janett Frances Gulick, 1854-1937）** アメリカン・ボード宣教師のL・H・ギューリック（Luther Halsey Gulick, 1828-1891）の長女として生まれ、オハイオ州の女学校を卒業し、一八七六年一月に両親とともに来日し臨時採用でヤングマンを助けていたが、同年六月に築地女子寄宿学校が築地居留地四二番に新校舎を建てて移転し、校名を新栄女学校（Graham Seminary）と改めると、アメリカ長老教会宣教師に採用され正式に教師となった。将来を期待されていたが、一八八〇年七月に東京大学のお雇い化学教師ジュエット（Frank Fanning Jewett, 1844-1925）と結婚し同年夫とともに帰国した。ジュエットはオハイオ州のオーバリン大学教授を長く務めた。彼女は文才があり夫の伝記の他多くの著作を残した。

（4）メアリーはこのとき妊娠していた。第一子の長女のルース（Ruth Rea, 1876–1857）の誕生は一八七六年一一月二日であった。

（5）明治五年一二月三日をもって明治六（一八七三）年一月一日に改暦が行われたが、官庁の休日は明治初年に制定された一六休日（一と六のつく日が休日）が続いていた。これが一八七六年三月一二日に次の太政官第二七号達が院省使庁府県に発せられ、これにより官員等が主日礼拝に出席しやすくなった。

従前一六休暇ノ處來ル四月ヨリ日曜日ヲ以テ休暇ト被定候條此旨相達候事

但土曜日ハ正午十二時ヨリ休暇タルヘキ事

（6）それまでメアリーは築地女子寄宿学校（通称B六番女学校）の授業を一日三〇分受け持っていたが、完全にやめてタムソン塾、自身の英語クラスおよび新栄橋教会の日曜学校の指導に集中するようにした。

（7）第一六節の注（1）参照。メアリーは二川を信頼していたので、彼の離反にショックを覚えかなりの怒りの感情が湧いていた。

（8）カロザースは官立広島英語学校のお雇い教師となり、ジュリアはいったん彼女の女学校を引き継いだ原胤昭が開いた成樹学校の教師となったが体調を崩し、ほどなく夫のいる広島に向かった。広島では英語学校の生徒たち向けに英語と聖書の私塾を開き大和田建樹らを指導した。

（9）詩編三七編四節「主に自らをゆだねよ／主はあなたの心の願いをかなえてくださる」。出産を控えての心情である。

（10）二女のマミー（Mamie Colhoun, 1878–1887）は一八七八年二月八日に築地で生まれた。彼女は九歳になった一八八七年一〇月二二日にジフテリアに罹り急逝し、タムソン夫妻を長く悲しませた。タムソンは次のように沈痛な思いを海外伝道局に伝えている（『タムソン書簡集』二七九–二八〇頁）。

重い気持ちで今この手紙を書いています。私たちは次女のマミーを亡くしました。可愛い娘は今月一八日の夕刻に病にかかり、初め首の痛みを訴えました。熱が出てすぐ明らかにジフテリアの兆候が現れました。近くに住むシモンズ先生に往診戴きました。先生は大変注意深く、絶え間なく手を尽くしてくださいました。

妻と私は四日四晩死を遠ざけようともがき祈りましたがだめでした。二二日午後四時から五時の間に息を引き取りました。娘はあと数ヶ月で一〇歳になるところでした。娘は愛らしい性格でひどい病に冒されていながらも、その振る舞いは本当に素晴らしいものでした。彼女の終始一貫した言動は、娘自身死への旅立ちの準備はできていると私たちに強い確信を与えました。そして今娘は救い主の御許にあって幸せであると思います。（中略）この痛ましい苦しみが私たちすべての者にとって、特にこの死によって私たちと一緒に多大な打撃を受けている残された二人の娘たちにとって、苦しみが祝福に変えられるだろうと強い希望を抱いています。私たちがキリスト者として御前に誠実に、心を天に向けて生きることができますように、またこれまで同様地上での働きにさらに忠実に励めるよう祈ってください。

【編者解説】

一八七六年四月一日の長老教会在日ミッション会議でカロザースのミッション離脱が確認されると、長老教会東京ステーションでは諸問題が発生し、アメリカ・オランダ改革教会およびスコットランド一致長老教会との合同の動きと合わせ再編を余儀なくされた。カロザースの牧会していた東京第一長老教会は、約半数の三〇名の教会員が新たに日本独立長老教会を設立し、二つに分裂した。このとき、原胤昭、田村直臣らが後者に移った。またカロザースの築地大学校は廃校となり、生徒は慶應義塾、大学南校、攻玉社、同人社等へ転向し、神学生は長老教会が新たに開校した築地六番長老教会神学校（のちの東京一致神学校、明治学院神学部）へ入学した。新栄教会初代牧師を務めた石原保太郎はその一人であった。カロザース夫人の長老教会女学校も廃校となり、数人が築地女子寄宿学校に転校し、十数人がカロザース門下の原胤昭が開いた成樹学校（のち原女学校と改名）に入学した。会員数が半数に減った東京第一長老教会は築地居留地六番の小会堂に移り築地六番長老教会と改称し、一八七七年一〇月に日本基督一致教会が成立すると東京基督一致教会と改め、ほどなく築地居留地から芝露月町に移り露月町教会となった。その後、数度の教会合併を行い現在の芝教会となった。日本独立長老教会も同様に京橋教会、数寄屋橋教会と教会名を改め現在の巣鴨教会となった。

おわりに

本書は、「はじめに」でも触れた通りメアリー・タムソンが書き残した日記のうち、一八七二年三月から一八七八年四月までの六年間の翻訳に、編者の若干の解説とやや詳しい訳注を付けてまとめたものである。六年間という短い期間にもかかわらず、そこにはメアリーが宣教師となって海外伝道に行く決心をし、故国を離れ封建社会から抜け出たばかりの異教の地日本に到着し、そこで生涯の伴侶となるタムソンと出会って宣教師夫人となり、夫を助ける一方で日本女性や青少年たちに福音を伝え愛をもって信徒へと導き、宣教師仲間や友人さらに若き教え子たちの死と向き合い、やがて二児の母となるという、彼女にとって極めてドラマチックな時間が率直にありのままに綴られている。このように東京で最初に設立されたプロテスタント教会の誕生に当事者として立ち会い、そこで語られた多くの証言は、日本プロテスタント史においても貴重な記録になっている。

現在、編者の手許には一九〇〇年までのメアリーの手書きの日記のコピーがある。またフィラデルフィアの長老教会歴史協会（ＰＨＳ）には、その後の一九二四年までの原本が所蔵されている。したがって、これらを読み解けば本書に収録した日記のその後のメアリーの人生、および彼女の目を通して見た日本社会および日本のキリスト教界の動向を知ることができ、日本のプロテスタント史研究においても大きな収穫が得られることになる。しかし、手書きの書簡の活字化と和訳、そして記載内容の解読の作業は膨大な時間とエネルギーを要するので、この貴重な好機を活かすことができるかは今のところ確約できない。

メアリーは夫デビッドの死後一二年間を長女ルース（当時津田塾教師）とともに過ごし、一九二七年五月一七日午後一〇時五〇分に、数か月病床に伏したのち、麴町区富士見町五丁目二二番地の自宅で没した。享年八六歳であった。一九日午後四時に桐ヶ谷斎場で火葬に付され、翌二〇日午後三時から芝白金の明治学院礼拝堂で葬儀が行われた。ライシャワー（August Karl Reischauer, 1879–1971）宣教師が司式し、好善社理事・新栄教会長老藤原鉤次郎が故人の履歴を読み上げ、タムソンの教え子小林格牧師が聖書朗読、好善社理事長・和田秀豊が祈禱を行った。アメリカ大使館から有力な外交官のノーマン・アーマー（Norman Armour, 1887–1982）、在日外国人会からバーネット夫人（Charles Burnett）およびドーマン夫人（Eugene Dooman）、その他に明治学院、津田塾、女子学院、好善社、長老教会在日ミッション・ハンセン病委員会メンバー等内外の関係者多数が参列し彼女を見送った。葬儀を終えて遺骨は染井霊園に運ばれ、夫デビッドおよび二女マミーの傍らに納骨された。

メアリーに関しては、宣教師夫人という表舞台に出る機会の少ない立場上情報が限られているが、現在わかる範囲でその生涯を略年譜（二一四頁）に記すとともに、彼女の召天時に横浜の英字新聞に掲載された追悼記事を転載することで、ひとまず本書の役割を終えようと思う。
なお、この場を借りて、本書の編集に当たり貴重な助言をいただいた新栄教会一之木幸男牧師およびNPO法人築地居留地研究会大島房太郎理事、また出版を快く引き受けていただいた株式会社教文館出版部髙橋真人次長および丁寧な校正をいただいた森本直樹氏に心より感謝を申し上げます。

中島耕二

メアリーの追悼記事（発行日、新聞名不明。アメリカ長老教会歴史協会所蔵）

ミセス・デビッド・タムソン
タムソン夫人の訃報は多くの人々に深い喪失感をもって受け止められるだろう。彼女は半世紀以上にわたり、当地における国際社会の中でその役割を果たしてきた。彼女は明治維新初期に来日した教育者および宣教師グループの最後の生存者であった。輝かしい日々があり、そしてその時代に生きてきた人々は、そのすばらしい経験をさせてくれた人生に感謝しなければならない。何百人もの日本人がその多くが白髪になりつつある今、彼らが知っているより広い精神と知識の世界について、その大部分をタムソン夫人から受容したのである。

彼女の知的才能は豊かで、思想の動向を常に把握し机上にはいつも新しい本が並び、世界の進歩に対する関心は最後まで衰えることはなかった。しかし、彼女の最大の力は、彼女が知っていることや行動にあるのではなく、彼女のありのままの姿にあった。彼女は人格の力強さを教えてくれる生きた教材であり、その穏やかで希望に満ちた人生観に触れて、心が温まらない人はいないのである。彼女は「私は善き戦いをしてきた、信念を貫いてきた」と言ったかもしれない。

喪失感や人間として必然である心残りは避けられないが、彼女のような人生を経た後、静かに死が解放されることには何の悲壮感もない。そのとき、「勝利の手のひら」と「あの世で鳴るトランペット」は、彼女に従って埋葬地に向かうすべての人々の心に刻まれることになるだろう。

（中島耕二訳）

訳者あとがき

日本のプロテスタント教会の歴史の中で一八七三年九月二〇日、初めて東京に設立されたのが新栄教会（設立時の名称は東京基督公会）でした。毎年この時期になると創立記念礼拝を行い、教会の沿革が語られ、神の恵みが説かれたと教会の六〇年史、一〇〇年史は伝えています。二〇二三年は教会創立一五〇周年の節目を迎えることから、長老会が中心になり多くの記念事業が計画され発表されました。その中の一つが、新栄教会の設立と発展に貢献したデビッド・タムソン宣教師夫人メアリーが書き残した日記の翻訳書を刊行することでした。

『メアリーの日記』はアメリカ長老教会歴史協会により、二〇一三年二月に案内があり、翌年六月から二〇一八年一月まで一六のシリーズに分けてネットに公開されました。生きる時代を超えて日頃のメアリーを知るにはこれ以上の史料はないとの思いで、公開日ごとに和訳を試みました。少しでも興味をもって読んでくださる皆様のお役に立てたらと願っておりましたところ、今回、その機会が与えられて心から感謝申し上げます。

『メアリーの日記』では、オハイオ州サバンナの実家で母校の教師になることを薦められる中、自分は宣教師になるのがよいのではと一人悩み、恩師に相談しているうちに、その願望は日増しに大きくなりついに決心へと至ったことや、この決心を父親に打ち明けたとき、娘が遠く未知の国へと行ってしまうのを悲しむことになるだろうとの思いとの葛藤などが、淡々と短い文の中に綴られ、一五〇年前のメアリーの気持ちが直接響いてきます。彼女の知られざる人柄に触れるには、またとない史料に出会った印象でした。

その他にも、夫であるタムソン師との出会いと純粋な愛情、日本語を学ぶ難しさへの焦燥感、独自教会堂の建設計画と完成、本国と異なるささやかなクリスマス祝会の様子等は読む人に感動を与えるでしょう。一〇年前の創立一四〇周年記念として計画し、二〇一二年教文館から刊行された『タムソン書簡集』と合わせて、新栄教会はもとより日本のプロテスタント教会の遺産として用いられるよう願っております。

最後になりますが、編者の中島耕二長老による日記本文に出てくる歴史上の人物、お手伝いさんまでの詳しい注と解説は、当時の教会を巡る状況を理解する上で大きな助けになることでしょう。感謝申し上げます。

二〇二三年一二月

阿曽安治

主要参考文献

山本秀煌『日本基督新栄教会六十年史』藤原鉤次郎、一九三三年。

本田清一『百年の恵み――日本キリスト教団新栄教会史』日本基督教団新栄教会、一九七三年。

日本キリスト教歴史大事典編集委員会編『日本キリスト教歴史大事典』教文館、一九八八年。

中島耕二編、日本基督教団新栄教会タムソン書簡集編集委員会訳『タムソン書簡集』教文館、二〇一二年。

メアリー・タムソン略年譜

（中島耕二編集）

年	年齢	出来事
一八四一		四月一七日　アイルランド、ドニゴール郡レターケニーで父ジョージ、母マーサの二女として生まれる。
一八四〇年代		初頭　一家、アメリカ合衆国オハイオ州アッシュランド郡サバンナに移住。
一八五六	一五	秋　サバンナ・アカデミー入学。
一八六六	二五	六月　オハイオ州ゼニア女学校卒業、学校教師となる。
一八七二	三一	七月一日　アメリカ長老教会宣教師に志願し、日本派遣の内示受ける。
一八七三	三二	四月一日　サンフランシスコ出航。 四月二七日　横浜港到着、横浜居留地三九番ルーミス宅寄寓。 五月　上京、築地居留地六番A棟のカロザース宅寄寓、カロザース夫人ジュリアの長老教会女学校教師となる。タムソン塾を応援する。 九月二〇日　東京基督公会（現・新栄教会）創立、タムソン初代仮牧師就任。礼拝は居留地六番内の小会堂で開始し、ほどなく隣接の居留地一七番Bの外国人教会東京ユニオン・チャーチを借りて行う。 一二月　メアリー、ヤングマン、ガンブル、築地居留地六番B棟に入居。
一八七四	三三	一月　築地居留地六番B棟で築地女子寄宿学校を開校、校長となる。 五月七日　タムソンと結婚。女子寄宿学校校長をヤングマンに譲る。 築地雑居地の南小田原町三丁目九番を夫妻の新居とする。

一八七六	三四	居留地外の木挽町でミッション認可の児童学校を開く。 六月一九日　東京基督公会の新会堂（南小田原町三丁目一〇番新栄橋たもと）献堂式。教会名を新栄橋教会と定める。 一一月二日　長女ルース（Ruth Rea）生まれる。築地雑居地の南小田原町三丁目一一番に転居。
一八七七	三五	九月一七日　日本基督一致教会創立。タムソン、東京一致神学校の講師となる。
一八七八		二月八日　二女マミー（Mary Colhoun）生まれる。築地居留地三三蕃に転居。
一八八〇	三九	一月一日　三女、グレース（Grace Colhoun）生まれる。
一八八二		築地居留地二三番に転居。
一八八五	四四	一一月一二日　賜暇休暇を得て一家五人でアメリカに一時帰国。
一八八七	四六	五月五日　一家、横浜に戻る。 八月六日　故郷のサバンナで父ジェームス死去、享年七九歳。 一〇月二二日　二女マミー、ジフテリアで死去、染井霊園に埋葬。
一八九四	五三	一一月一日　賜暇休暇を得て一家四人で欧州経由アメリカに一時帰国。
一八九六	五五	五月一二日　ルースとグレースを寄宿学校に入れ夫妻で日本に戻る。
一八九七	五六	ヤングマンの啓蒙第二小学校の責任者となる。築地居留地一六番に転居。
一八九九	五八	長女ルース、ウースター・カレッジを卒業し再来日。女子学院教師となる。
一九〇一	六〇	三女グレース、ウースター・カレッジを卒業し再来日。女子学院教師となる。

年	年齢	出来事
一九〇四	六三	賜暇休暇を得て一家四人でアメリカに一時帰国（最後の帰国となる）。
一九一〇	六九	九月二九日　ヤングマン死去。
一九一五	七四	淀橋区角筈一〇二番地に転居。 一〇月二九日　夫のデビッド死去。享年八〇歳。
一九一八	七七	赤坂区檜町一〇番地に転居。長女ルース、女子英学塾（現・津田塾大学）教師（一九四一年まで）。
一九二三	八一	九月三〇日　アメリカ長老教会宣教師円満退職。
一九二七	八六	五月一七日　麹町区富士見町五丁目二二番地の自宅で死去。 五月一九日　明治学院礼拝堂で葬儀。A・K・ライシャワー司式、アメリカ大使館、外国諸団体、津田塾、明治学院、女子学院、好善社、長老教会ミッション・ハンセン病委員会等の関係者多数が参列。染井霊園に埋葬。

人名索引

あ行

か行

さ行

た行

な行

は行

ま行

や行

ら行

わ行

編者紹介

中島耕二（なかじま・こうじ）

1947年生まれ。東北大学大学院文学研究科博士後期課程修了、博士（文学）。現在、フェリス女学院歴史資料館研究員。日本基督教団新栄教会長老。
著書『長老・改革教会来日宣教師事典』（共著、新教出版社、2003年）、『近代日本の外交と宣教師』（単著、吉川弘文館、2012年）、『明治学院百五十年史』（責任編集、明治学院、2013年）、『フェリス女学院百五十年史』（共著、フェリス女学院、2022年）、『タムソン書簡集』（編著、教文館、2022年）など。

訳者紹介

阿曽安治（あそ・やすじ）

1938年生まれ。青山学院大学文学部英米文学科卒業。パンアメリカン航空およびユナイテッド航空（パンアメリカン運航停止により移籍）勤務。1980年3月～2020年5月まで40年間日本基督教団新栄教会長老。教会機関誌『新栄だより』編集人、『タムソン書簡集』編集委員会代表委員を歴任。

タムソン宣教師夫人メアリーの日記
（1872-1878）

2024年3月25日　初版発行

編　者　中島耕二
訳　者　阿曽安治
発行者　渡部　満
発行所　株式会社　教 文 館
〒104-0061　東京都中央区銀座4-5-1
電話 03(3561)5549　FAX 03(5250)5107
URL http://www.kyobunkwan.co.jp/publishing/
印刷所　株式会社　平河工業社

配給元　日キ販　〒162-0814　東京都新宿区新小川町9-1
電話 03(3260)5670　FAX 03(3260)5637

ISBN 978-4-7642-9206-2　Printed in Japan